职业教育新形态教材·计算机广告制作专业

U0640710

广告制作

主　编：邓　晖　徐子寒　李洁琛

副主编：彭　敏　韦绍春　陶丹丹

　　　　周梦文　甘　醇　陆春风

参　编：何正式　黄立杰　区军华

　　　　刘艳飞　冯永章　韦任嫣

中国财富出版社有限公司

图书在版编目（CIP）数据

广告制作／邓晖，徐子寒，李洁琛主编 . —北京：中国财富出版社有限公司，2023.10
职业教育新形态教材 . 计算机广告制作专业
ISBN 978 - 7 - 5047 - 7998 - 4

Ⅰ.①广… Ⅱ.①邓… ②徐… ③李… Ⅲ.①广告—制作—职业教育—教材
Ⅳ.①F713.81

中国国家版本馆 CIP 数据核字（2023）第 205087 号

策划编辑	谷秀莉	**责任编辑**	谷秀莉	**版权编辑**	李 洋
责任印制	梁 凡	**责任校对**	卓闪闪	**责任发行**	杨 江

出版发行 中国财富出版社有限公司

社 址	北京市丰台区南四环西路 188 号 5 区 20 楼	**邮政编码**	100070
电 话	010 - 52227588 转 2098（发行部）	010 - 52227588 转 321（总编室）	
	010 - 52227566（24 小时读者服务）	010 - 52227588 转 305（质检部）	
网 址	http://www.cfpress.com.cn	**排 版**	宝蕾元
经 销	新华书店	**印 刷**	北京九州迅驰传媒文化有限公司
书 号	ISBN 978 - 7 - 5047 - 7998 - 4/F·3604		
开 本	787mm×1092mm 1/16	**版 次**	2024 年 7 月第 1 版
印 张	13.25	**印 次**	2024 年 7 月第 1 次印刷
字 数	282 千字	**定 价**	49.00 元

前　言

我国开设计算机广告制作专业且以设计为主的中职学校有很多。中职学校的人才培养目标是以培养应用型、操作型的人才为主。广告制作正是突出办学特色、针对人才培养目标开设的一门实用性课程。

本书立足于新时代中职院校工学一体化教学改革，将知识、技能、素质、思政四方面培养目标融为一体，在组织结构和逻辑顺序上归纳贯通，为读者建立了一个清晰完整、科学合理的课程体系与知识技能框架，以真实任务为案例，遵循一体化教学六步法，帮助中职院校计算机广告制作专业学生更好地学习各类广告设备的使用及后期制作、安装知识，提高学生的操作能力，为学生的高质量就业、创业及发展打下坚实基础。本书共分 7 个项目，各项目有 1~5 个不同的小任务，分别介绍广告行业常用的打印机、复印机及扫描仪、刻字机、条幅机、写真机、激光雕刻机、广告雕刻机等相关内容，配合真实任务，指导学生循序渐进地掌握操作技能。在编写上，本书强调实践应用性，教师先指导学生成立学习小组，进行探索研究，而后依次指导学生接受任务、制订计划、做出决策、执行任务、评价反馈、做出改进。

本书由广西商贸技师学院邓晖、徐子寒、李洁琛担任主编，另有多位老师参与编写。

本书可作为教材或参考用书，适用于计算机广告制作专业学生及相关行业工作者、爱好者。由于编写时间仓促，虽几经修改，不足之处仍在所难免，恳请广大读者谅解并给予指正。

编　者

2024 年 5 月

目　录

电子书

项目一　打印机的使用

任务 1　激光打印机的硬件安装 ·· 003
任务 2　激光打印机的软件安装 ·· 010
任务 3　喷墨打印机的安装 ·· 018
任务 4　Word 及 Excel 文件打印 ·· 028
任务 5　使用喷墨打印机打印名片 ·· 037

项目二　复印机及扫描仪的使用

任务 1　使用复印机复印文件 ·· 049
任务 2　使用扫描仪扫描文件 ·· 056

项目三　刻字机的使用

任务 1　灯箱文字的制作及安装 ·· 069
任务 2　装饰图案的制作及安装 ·· 083

项目四　条幅机的使用

任务 1　欢迎标语的制作及安装 ·· 095

项目五　写真机的使用

任务 1　小尺寸海报的制作及安装 ·· 111
任务 2　大尺寸海报的制作及安装 ·· 126

项目六　激光雕刻机的使用

任务1　有机字的制作及安装 …………………………………………………… 135

任务2　有机图案的制作及安装 ………………………………………………… 148

任务3　个性化书签的制作 ……………………………………………………… 156

任务4　个性化竹简的制作 ……………………………………………………… 163

项目七　广告雕刻机的使用

任务1　PVC文字的制作及安装 ………………………………………………… 173

任务2　PVC图案的制作及安装 ………………………………………………… 194

参考文献 ………………………………………………………………………… 204

项目一

01

打印机的使用

打印机是广告行业最基本的图文设备，也是日常办公最基本的办公设备。本项目介绍两类打印机的使用：一是小型激光打印机日常办公文件打印，二是彩色喷墨打印机图文打印。

本项目任务分为激光打印机的硬件安装、激光打印机的软件安装、喷墨打印机的安装、Word 及 Excel 文件打印、使用喷墨打印机打印名片。

任务1 激光打印机的硬件安装

任务目标 〉〉〉

1. 知识目标
(1) 能够识别激光打印机的品牌及型号；
(2) 能够识别适合激光打印机的硒鼓；
(3) 能够找出适合激光打印机的电源线及数据线。

2. 能力目标
(1) 能正确安装激光打印机的硒鼓；
(2) 能正确连接激光打印机的电源线；
(3) 能正确连接激光打印机的数据线。

3. 素质目标
(1) 在团队沟通中能清晰表达自己的意见，并能与他人达成一致；
(2) 语言表达流畅，声音洪亮；
(3) 了解并执行7S管理标准。

思政要点 〉〉〉

我国古代四大发明之一——印刷术，激发学生的民族自信。

我国古代四大发明
之一——印刷术

任务描述 〉〉〉

本任务以安装HP 1008激光打印机硬件为例进行介绍，具体要求有两点：一是正确安装该激光打印机的硒鼓，二是正确连接该激光打印机的电源线和数据线。

一、具体任务
分析任务要求，得出任务清单，见表1-1-1。

二、任务环境
(1) 计算机1台/组；
(2) HP 1008激光打印机1台/组；

表 1 - 1 - 1 　　　　　　　　　　　　任务清单

任务内容	任务要求	验收方式
识别激光打印机品牌及型号	1. 指出 HP 1008 激光打印机品牌及型号铭牌位置； 2. 判断其他打印机品牌及型号	小组回答 作业填报
识别适合激光打印机的硒鼓	在包装上找出	作业填报
安装激光打印机的硒鼓	将适合 HP 1008 激光打印机的硒鼓安装到位，打印机能识别所安装的硒鼓	成果展示并拍照填报
连接激光打印机的电源线	使用电源线连接打印机并通电成功	
连接激光打印机的数据线	使用数据线连接打印机和计算机	

（3）硒鼓 1 个/组；

（4）电源线 1 根/组；

（5）数据线 1 根/组。

任务实施 〉〉〉

一、任务分组

将全班 40 名学生分为 8 个工作小组，各小组分别安排 1 名指导教师（师傅）和 1 名组长，组长统筹安排组员的工作任务，正确填写学生任务分配表（表 1 - 1 - 2）。

表 1 - 1 - 2 　　　　　　　　　　学生任务分配表

班级		组号		指导教师	
组长		学号		指导师傅	
组员	姓名	学号	姓名	学号	
任务分工					

二、任务准备

学生通过查阅教材、上网搜索、听课、讨论等获取表 1 - 1 - 3 中的答案或案例，并进行自我评价，确保任务顺利实施。

表 1 – 1 – 3 相关知识和技能信息确认单

相关知识和技能点	答案/案例	自我评价
指出下面 HP1008 激光打印机品牌及型号铭牌位置		
指出下面激光打印机品牌及型号		
指出右侧硒鼓适用品牌及型号		
硒鼓安装		
使用电源线连接打印机并通电成功		
使用数据线连接打印机和计算机		

三、任务计划

(一) 制订计划

思考任务方案，制订工作计划，在表1－1－4中用适当的方式展示计划。

表1－1－4 计划制订工作单（成员使用）

1. 解决方案 建议使用图案或拍照描述方式。
2. 任务涉及设备信息、使用材料列表

需要的设备	
需要的材料	

(二) 确定计划

小组检查、讨论后确定计划，并在表1－1－5中用适当的方式展示出来。

表1－1－5 计划决策工作单（小组决策使用）

1. 小组讨论决策 负责人：_____，讨论发言人：_____。 决策结论及方案变更：
2. 小组互评决策

优点	缺点	综合评价（A、B、C、D、E）	签名

续 表

内容	人员	时间安排	备注
铭牌位置			
打印机品牌及型号			
硒鼓适用品牌及型号			
硒鼓安装			
电源线连接			
数据线连接			

四、任务执行

（1）指出图 1-1-1 中 HP 1008 激光打印机品牌及型号铭牌位置。

（2）指出图 1-1-2 中激光打印机品牌及型号。

（3）指出图 1-1-3 中硒鼓适用品牌及型号。

图 1-1-1 任务执行（1）

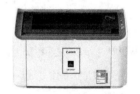

图 1-1-2 任务执行（2）

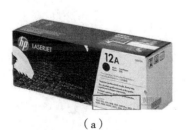

（a）

（b）

图 1-1-3 任务执行（3）

（4）硒鼓安装。

①从盒子中取出硒鼓，将硒鼓的黑色保护纸抽出（图1-1-4）；

②拿起硒鼓摇匀，然后将硒鼓两侧的橙色卡扣取下（图1-1-5）；

③缓慢拉出封条，直至拉出长度为硒鼓长度的两倍，将封条完整拉出（图1-1-6）；

④将打印机前盖打开（图1-1-7）；

⑤把硒鼓平行放在打印机两侧的导轨上，沿着打印机两侧卡槽缓慢顺势放入硒鼓，轻轻按一下，使其卡死（图1-1-8）；

⑥关上打印机盖子；

⑦打印机会自动运转一会儿，待停止后按红色键几秒，之后会自动打印测试页，也可在计算机上打印测试页；

⑧测试页打印正常，无异响，表明硒鼓安装成功。

图1-1-4　将黑色保护纸抽出　　　图1-1-5　取下橙色卡扣　　　图1-1-6　将封条完整拉出

图1-1-7　打开打印机前盖　　　图1-1-8　将硒鼓沿着两侧
卡槽缓慢顺势放入，使其卡死

温馨小贴士：在这里要提醒学生一定要记得在安装之前前后摇晃硒鼓，因为硒鼓里面有碳粉，摇晃的动作是为了将里面的碳粉摇匀。还有，一定要拉出封条！

（5）电源线连接（图1-1-9）。

（6）数据线连接（图1-1-10）。

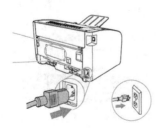 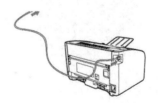

图1-1-9　电源线连接　　　　图1-1-10　数据线连接

任务评价 〉〉〉

按照知识、技能和职业素养进行检查，在表1－1－6中评分。评分采用扣分制，每项扣完为止。

表1－1－6 检查记录工作单

检查项目	检查内容	评分标准	评分
1. 知识 (15分)	指出 HP 1008 激光打印机品牌及型号铭牌位置，5分	3秒内回答，超过时间扣2分，回答不正确扣5分	
	指出所示激光打印机品牌及型号，5分	品牌不正确，扣2分； 型号不正确，扣3分	
	指出所示硒鼓适合机型，5分	品牌不正确，扣1分； 型号不正确，扣1分； 回答不完整，扣3分	
2. 技能 (55分)	安装激光打印机的硒鼓，45分	抽出黑色保护纸不正确，扣5分； 硒鼓晃动不正确，扣5分； 橙色卡扣取下不正确，扣5分； 硒鼓安装不到位，扣30分	
	连接电源线，5分	5秒内连接成功，超过时间扣5分	
	连接数据线，5分		
3. 职业素养 (30分)	劳动纪律，10分	遵守纪律，尊重教师，爱惜实训设备和器材，违反上述情况1次酌情扣1~2分； 若有特别严重的违纪行为，则本次考核不合格，并按照相关制度进行处理	
	操作规范，10分	设备使用不合理，卫生没有清扫，每处酌情扣1~2分	
	安全意识，10分	危险用电等根据现场情况扣1~3分； 损坏设施设备，本次考核不及格，并按照相关制度进行处理	

任务改进 〉〉〉

按照检查中存在的问题进行改进，在表1－1－7中记录改进要点，并由项目负责人签字。

表 1 - 1 - 7　　　　　　　　　　　　改进提交工作单

改进要点记录	
负责人（签字）	

任务 2　激光打印机的软件安装

任务目标 〉〉〉

1. 知识目标

（1）能在所附程序中找到安装文件；

（2）能自行在网络上找到打印机的驱动程序。

2. 能力目标

（1）能借助网络下载打印机的驱动程序；

（2）能正确安装激光打印机的驱动程序。

3. 素质目标

（1）在团队沟通中能清晰表达自己的意见，并能与他人达成一致；

（2）语言表达流畅，声音洪亮；

（3）了解并执行 7S 管理标准。

思政要点 〉〉〉

学习使用正版软件，了解知识产权保护，培养知识产权保护意识。

知识产权

任务描述 〉〉〉

本任务以安装 HP 1008 激光打印机软件为例进行介绍，具体要求是正确安装该激光打印机的驱动程序。

一、具体任务

分析任务要求，得出任务清单，见表 1 - 2 - 1。

表1-2-1 任务清单

任务内容	任务要求	验收方式
在所附程序中找到安装文件	指出安装文件名	作业填报
在网络上找到打印机的驱动程序	利用搜索引擎找到打印机的驱动程序，指出下载地址	
借助网络下载打印机的驱动程序	借用下载工具下载驱动程序	成果展示并截屏填报
正确安装打印机的驱动程序	1. 利用所附程序中的安装文件安装； 2. 利用所下载的驱动程序安装	

二、任务环境

（1）计算机1台/组；

（2）HP 1008激光打印机1台/组；

（3）驱动程序1个/组；

（4）连接互联网。

任务实施 〉〉〉

一、任务分组

将全班40名学生分为8个工作小组，各小组分别安排1名指导教师（师傅）和1名组长，组长统筹安排组员的工作任务，正确填写学生任务分配表（表1-2-2）。

表1-2-2 学生任务分配表

班级		组号		指导教师	
组长		学号		指导师傅	
组员	姓名	学号		姓名	学号
任务分工					

二、任务准备

学生通过查阅教材、上网搜索、听课、讨论等获取表1-2-3中的答案或案例，并进行自我评价，确保任务顺利实施。

表 1 – 2 – 3   相关知识和技能信息确认单

相关知识和技能点	答案/案例	自我评价
在所附程序中找到安装文件		
在网络上找到打印机的驱动程序		
借助网络下载打印机的驱动程序		
正确安装打印机的驱动程序		

三、任务计划

（一）制订计划

思考任务方案，制订工作计划，在表 1 – 2 – 4 中用适当的方式展示计划。

表 1 – 2 – 4   计划制订工作单（成员使用）

1. 解决方案 建议使用图案或拍照描述方式。	
2. 任务涉及设备信息、使用材料列表	
需要的设备	
需要的材料	

（二）确定计划

小组检查、讨论后确定计划，并在表 1 – 2 – 5 中用适当的方式展示出来。

表 1 -2 -5　　　　　　　　计划决策工作单（小组决策使用）

1. 小组讨论决策

负责人：_____，讨论发言人：_____。

决策结论及方案变更：

2. 小组互评决策

优点	缺点	综合评价（A、B、C、D、E）	签名

3. 人员分工与进度安排

内容	人员	时间安排	备注
安装文件			
网络搜索驱动程序			
下载驱动程序			
安装驱动程序			

四、任务执行

（一）所附程序中的安装文件

在打印机所附程序中找到 Install. exe 或 setup. exe 文件。

（二）网络搜索驱动程序

（1）登录搜索引擎，如 www. baidu. com。

（2）在搜索框中输入"HP1008 驱动"（图 1 - 2 - 1）。

图 1 - 2 - 1　网络搜索驱动程序

（3）单击搜索到的链接，进入下载页面。

（4）单击浏览器地址栏，选择地址，按 Ctrl + C 或单击鼠标右键→复制，复制网站地址（图1-2-2）。

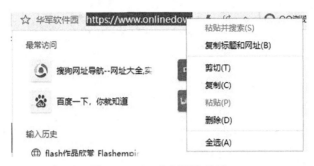

图1-2-2　复制网站地址

（5）启动 Word 或 Wps 或写字板，按 Ctrl + V 或单击鼠标右键→粘贴，将地址粘贴到新建的文件中，保存文件。

（三）下载驱动程序

（1）在下载页面找到下载链接（图1-2-3）。

（2）单击任一下载链接。

（3）选择保存位置（图1-2-4）。

图1-2-3　下载链接

图1-2-4　保存位置

（4）单击"下载"按钮进行下载。

（四）安装驱动程序

（1）双击运行安装程序（图1-2-5）。

（2）打开"许可协议"对话框，勾选"我接受许可协议的条款（A）"，单击"下一步"按钮（图1-2-6）。

（3）打开"正在安装"对话框（图1-2-7），按提示连接电源，并将打印机与计算机关联（图1-2-8）。

（4）打印机与计算机连好后打开开关即可，然后系统即在本机安装驱动（图1-2-9）。

（5）装完后提示安装完成（图1-2-10）。

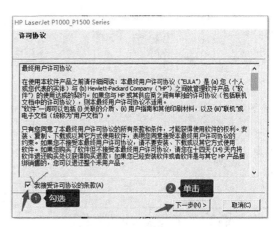

图1-2-5　安装程序

图1-2-6　"许可协议"对话框

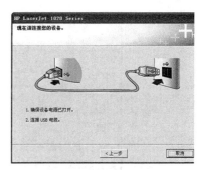

图1-2-7　"正在安装"对话框

图1-2-8　连接设备

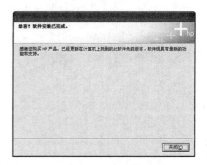

图1-2-9　安装驱动程序

图1-2-10　安装完成

(6) 选择"开始"菜单中的"设置"选项，打开"Windows 设置"，选择"设备"选项（图1-2-11）。

(7) 打开"设备"对话框，选择左侧"打印机和扫描仪"选项（图1-2-12）。

(8) 打开"打印机和扫描仪"对话框，选择其中的"HP 1008"选项（图1-2-13）。

(9) 单击"管理"按钮（图1-2-14）。

(10) 单击左侧"打印测试页"，如果能正常打印出来则表示打印机驱动安装成功（图1-2-15）。

图 1 – 2 –11　选择"设备"选项

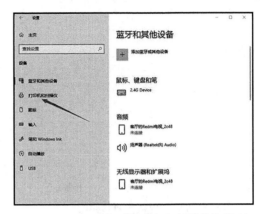

图 1 – 2 –12　选择"打印机和扫描仪"选项

图 1 – 2 –13　选择"HP 1008"选项

图 1 – 2 –14　单击"管理"按钮

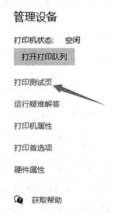

图 1 – 2 –15　打印测试页

任务评价 〉〉〉

按照知识、技能和职业素养进行检查，在表 1-2-6 中评分。评分采用扣分制，每项扣完为止。

表 1-2-6　　　　　　　　　　检查记录工作单

检查项目	检查内容	评分标准	评分
1. 知识 （15 分）	指出安装文件，5 分	回答不正确，扣 5 分	
	网络搜索驱动程序，5 分	搜索引擎不正确，扣 2 分； 关键字不正确，扣 3 分	
	下载驱动程序，5 分	下载链接不正确，扣 3 分； 保存不正确，扣 2 分	
2. 技能 （55 分）	安装驱动程序，55 分	安装不正确，扣 55 分	
3. 职业素养 （30 分）	劳动纪律，10 分	遵守纪律，尊重教师，爱惜实训设备和器材，违反上述情况 1 次酌情扣 1~2 分； 若有特别严重的违纪行为，则本次考核不合格，并按照相关制度进行处理	
	操作规范，10 分	设备使用不合理，卫生没有清扫，每处酌情扣 1~2 分	
	安全意识，10 分	危险用电等根据现场情况扣 1~3 分； 损坏设施设备，本次考核不及格，并按照相关制度进行处理	

任务改进 〉〉〉

按照检查中存在的问题进行改进，在表 1-2-7 中记录改进要点，并由项目负责人签字。

表 1-2-7　　　　　　　　　　改进提交工作单

改进要点记录	
负责人（签字）	

任务 3　喷墨打印机的安装

任务目标 〉〉〉

1. 知识目标

（1）能区分喷墨打印机的类型；

（2）能区分复印纸、铜版纸以及判断纸张克数。

2. 能力目标

（1）能为喷墨打印机添加墨水；

（2）能正确安装喷墨打印机的驱动程序。

3. 素质目标

（1）在团队沟通中能清晰表达自己的意见，并能与他人达成一致；

（2）语言表达流畅，声音洪亮；

（3）了解并执行 7S 管理标准。

思政要点 〉〉〉

了解我国技术人员为研发喷墨打印机技术做出的贡献，厚植工匠精神。

任务描述 〉〉〉

本任务以安装 EPSON L380 喷墨打印机为例进行介绍，具体要求有两点：一是为 EPSON L380 喷墨打印机添加墨水，二是正确安装该喷墨打印机的驱动程序。

一、具体任务

分析任务要求，得出任务清单，见表 1 - 3 - 1。

表 1 - 3 - 1　　　　　　　　　　　任务清单

任务内容	任务要求	验收方式
区分喷墨打印机的类型	区分不同的喷墨打印机，根据类型判断优缺点	作业填报
判断纸张类型及克数	1. 能判断纸张类型； 2. 能判断纸张克数	

任务内容	任务要求	验收方式
为 EPSON L380 喷墨打印机添加墨水	按颜色添加墨水到墨仓	成果展示并拍照填报
正确安装 EPSON L380 喷墨打印机的驱动程序	利用所下载的驱动程序安装	

二、任务环境

（1）计算机 1 台/组；

（2）EPSON L380 喷墨打印机 1 台/组；

（3）驱动程序 1 个/组；

（4）连接互联网。

知识链接

一、喷墨打印机种类及其优缺点

喷墨打印机种类及其优缺点见表 1 – 3 – 2。

表 1 – 3 – 2　　　　　　　　喷墨打印机种类及优缺点

种类	优点	缺点
家庭用户入门级喷墨打印机	价格实惠	打印速度慢，墨盒偏小，打印量小，打印成本高，打印机喷头易堵塞
商用喷墨打印机	打印速度快，打印效果好，墨盒容量大，打印成本较低	容易"堵头"，费墨
墨仓式打印机	墨盒容量大，打印成本低	打印质量一般，不易移动，易"堵头"

二、纸张分类及厚度

（一）纸张的分类

1. 包装用纸

包装用纸有白板纸、白卡纸、牛皮纸、瓦楞纸、箱板纸、茶板纸、羊皮纸、鸡皮纸、卷烟纸、硅油纸、纸杯（袋）原纸、淋膜纸、玻璃纸、灰板纸等。

2. 印刷用纸

印刷用纸有铜版纸、双胶纸、书写纸等。

3. 工业用纸

工业用纸有离型纸、碳素纸、绝缘纸等。

4. 办公用纸

常用的办公用纸大致包括复印纸、传真纸、打印纸、铜版纸、相片纸、彩喷纸等。

一般来说，办公室消耗最多的还是复印纸，虽然现在提倡无纸化办公，但是复印纸还是必不可少的。

（1）复印纸

复印纸主要用于文件、资料的打印和复印。复印纸有多种规格，常见的有 A3、A4、B4、B5 等，包装规格一般是 500 张/包，常用复印纸的重量是 70 克和 80 克。复印机可以在针式打印机、喷墨打印机、激光打印机等各式常用打印机上使用。

（2）传真纸

传真纸就是热敏纸，是一种加工纸，是专门用于热敏打印机和热敏传真机的打印纸，其制造原理就是在优质的原纸上涂上一层"热敏涂料"（热敏变色层），遇热后，无色染料与显色剂发生化学反应，产生颜色，于是图文就显示出来了。但是，显色的字迹不稳定、易消退。在传真机上作为文字和图形的通信载体，即传真纸；在医疗系统中作为记录材料，即心电图纸等；在商业活动方面，可用来制作商标、签码等。

（3）打印纸

打印纸主要用于打印单据、票据，如送货单、出货单、发票等。打印纸两边有孔，按层数可以分为单层、二层、三层、四层、五层；按大小可以分为 A4 和 A3 两种；按等份可以分成不等份（也就是整张纸）、二等份（一张纸分为两份）、三等份（一张纸分为三份）等。

打印纸一般只能在专门打印票据的针式打印机上使用。

（4）铜版纸

铜版纸又称印刷涂布纸，在原纸表面涂一层白色涂料，经超级亚光加工而成，分单面和双面两种，印面又分为光面和布纹两种。铜版纸表面光滑，洁白度高，吸墨性能很好。

（5）相片纸

相片纸又被称为感光印纸、照相纸等，是传统文印行业用来冲洗相片的一种材料，后来应用到喷绘行业就简称为相片纸了。相片纸的特点是图像色彩鲜艳，且能长时间保持颜色。

（6）彩喷纸

彩喷纸全称为彩色喷墨打印纸，是一种专门用于喷墨打印的纸张。彩喷纸分为普通彩喷纸和涂布彩喷纸两种，通常所指的彩喷纸为涂布彩喷纸。普通彩喷纸主要在印刷效果要求不高时使用，涂布彩喷纸实质上是在基材表面涂上一层具有吸墨性的多孔性涂料制成的。彩色喷墨打印通常使用水性墨水，而彩喷纸既能适当地吸收水性墨水，又能让墨水不向周边扩散，从而完整地保持图像的原有色彩和清晰度。

5. 生活用纸

生活用纸有卫生纸、面巾纸、餐巾纸、厨房纸巾等。

（二）纸张的厚度

纸张的单位是克，以一平方米的纸的质量作为衡量纸张具体厚度的依据。比如，普通的复印纸是 70 克，就等于一平方米该复印纸的质量是 70 克，该纸张的厚度就是70 克，并不是说一张 A4 纸或一包 A4 纸的质量是 70 克。

任务实施 〉〉〉

一、任务分组

将全班 40 名学生分为 8 个工作小组，各小组分别安排 1 名指导教师（师傅）和 1名组长，组长统筹安排组员的工作任务，正确填写学生任务分配表（表 1 - 3 - 3）。

表 1 - 3 - 3　　　　　　　　　学生任务分配表

班级		组号		指导教师	
组长		学号		指导师傅	
组员		姓名	学号	姓名	学号
任务分工					

二、任务准备

学生通过查阅教材、上网搜索、听课、讨论等获取表 1 - 3 - 4 中的答案或案例，并进行自我评价，确保任务顺利实施。

表 1 - 3 - 4　　　　　　　　相关知识和技能信息确认单

相关知识和技能点	答案/案例	自我评价
判断喷墨打印机类型		
判断纸张类型		

相关知识和技能点	答案/案例	自我评价
判断纸张克数		
为 EPSON L380 喷墨打印机添加墨水		
安装 EPSON L380 喷墨打印机的驱动程序		

三、任务计划

（一）制订计划

思考任务方案，制订工作计划，在表 1 - 3 - 5 中用适当的方式展示计划。

表 1 - 3 - 5　　　　　　　　计划制订工作单（成员使用）

1. 解决方案
建议使用图案或拍照描述方式。

2. 任务涉及设备信息、使用材料列表

需要的设备	
需要的材料	

（二）确定计划

小组检查、讨论后确定计划，并在表 1 - 3 - 6 中用适当的方式展示出来。

表 1 – 3 – 6   **计划决策工作单（小组决策使用）**

1. 小组讨论决策 负责人：_____，讨论发言人：_____。 决策结论及方案变更： 			

2. 小组互评决策

优点	缺点	综合评价（A、B、C、D、E）	签名

3. 人员分工与进度安排

内容	人员	时间安排	备注
添加墨水			
安装驱动程序			

四、任务执行

（1）首次使用 EPSON L380 喷墨打印机时，要去除机身保护材料（图 1 – 3 – 1）。

（2）检查运输锁位置（图 1 – 3 – 2），部分 EPSON L380 喷墨打印机无运输锁。

（3）按箭头方向取下墨仓，打开仓盖（图 1 – 3 – 3）。

图 1 – 3 – 1 去除机身保护材料   图 1 – 3 – 2 检查运输锁位置

（a）   （b）

图 1 – 3 – 3 取下墨仓，打开仓盖

（4）注意，不要用力拉抻墨仓导管（图1-3-4）。

（5）将墨水瓶的瓶塞拔下（图1-3-5）。

图1-3-4　不要用力拉抻墨仓导管　　　　图1-3-5　将墨水瓶的瓶塞拔下

（6）打开墨水瓶盖（图1-3-6）。

（7）揭开墨水瓶盖上的塑料封纸（图1-3-7）。

（8）重新将墨水瓶盖拧紧（图1-3-8）。

图1-3-6　打开墨水瓶盖　　　图1-3-7　揭开塑料封纸　　　图1-3-8　重新将瓶盖拧紧

（9）按照墨仓颜色标识，分别注入对应颜色的墨水（图1-3-9），一次性注入各对应颜色的整瓶墨水（图1-3-10），每注入一种颜色的墨水，盖紧对应墨仓塞（图1-3-11）。

图1-3-9　按墨仓颜色标识分别注入相应颜色墨水

（10）将墨仓挂回正确位置（图1-3-12）。

（11）连接电源线（图1-3-13）。

（12）充墨及安装驱动前请勿连接数据线（图1-3-14）。

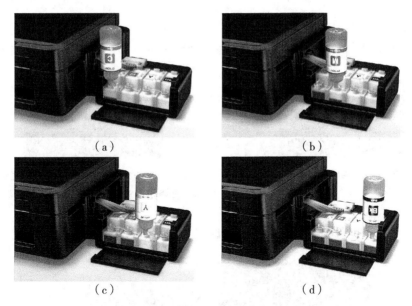

图 1 - 3 - 10　一次性注入各对应颜色的整瓶墨水

图 1 - 3 - 11　盖紧墨仓塞

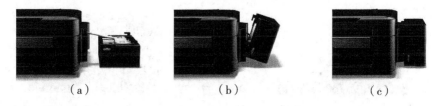

图 1 - 3 - 12　将墨仓挂回正确位置

图 1 - 3 - 13　连接电源线

图 1 - 3 - 14　充墨及安装驱动前
请勿连接数据线

（13）按下电源开关（图1-3-15）。

（14）长按取消键3秒，直到电源指示灯和橙色指示灯交替闪烁（图1-3-16）。

图1-3-15　打开电源

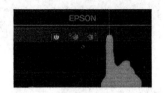

图1-3-16　长按取消键3秒，直到
电源指示灯和橙色指示灯交替闪烁

（15）充墨过程大致需要20分钟，其间不要关闭电源，避免异常断电（图1-3-17）。

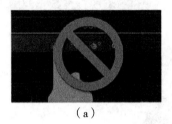

（a）

（b）

图1-3-17　充墨过程中不要关闭电源，避免异常断电

（16）充墨过程不要放入任何纸张（图1-3-18）。

（17）当橙色指示灯熄灭时，充墨完成（图1-3-19）。

（18）驱动程序安装（略，可参照本项目任务2激光打印机驱动程序安装）。

图1-3-18　充墨过程中
不要放入纸张

图1-3-19　当橙色指示灯熄灭时，
充墨完成

任务评价 〉〉〉

按照知识、技能和职业素养进行检查，在表1-3-7中评分。评分采用扣分制，每项扣完为止。

表 1 - 3 - 7　　　　　　　　　　　　检查记录工作单

检查项目	检查内容	评分标准	评分
1. 知识 (20分)	指出喷墨打印机类型，5 分	回答不正确，扣 5 分	
	根据打印机类型判断优缺点，5 分		
	判断纸张类型，5 分		
	判断纸张克数，5 分		
2. 技能 (50分)	为 EPSON L380 喷墨打印机添加墨水，50 分	取下墨仓不正确，扣 5 分； 不按对应颜色添加墨水，每项扣 10 分，扣完 40 分为止； 按键操作不正确，扣 5 分	
3. 职业素养 (30分)	劳动纪律，10 分	遵守纪律，尊重教师，爱惜实训设备和器材，违反上述情况 1 次酌情扣 1～2 分； 若有特别严重的违纪行为，则本次考核不合格，并按照相关制度进行处理	
	操作规范，10 分	设备使用不合理，卫生没有清扫，每处酌情扣 1～2 分	
	安全意识，10 分	危险用电等根据现场情况扣 1～3 分； 损坏设施设备，本次考核不及格，并按照相关制度进行处理	

任务改进 〉〉〉

　　按照检查中存在的问题进行改进，在表 1 - 3 - 8 中记录改进要点，并由项目负责人签字。

表 1 - 3 - 8　　　　　　　　　　　　改进提交工作单

改进要点记录	
负责人（签字）	

任务4 Word 及 Excel 文件打印

任务目标 ❯❯❯

1. 知识目标

（1）能分辨打印页面的内容；

（2）能指出常用打印设置的作用。

2. 能力目标

（1）能正确放置纸张；

（2）能正确执行打印任务。

3. 素质目标

（1）在团队沟通中能清晰表达自己的意见，并能与他人达成一致；

（2）语言表达流畅，声音洪亮；

（3）了解并执行 7S 管理标准。

思政要点 ❯❯❯

了解我国技术人员在办公软件开发上做出的贡献，厚植工匠精神。

我国技术人员在办公软件开发上做出的贡献

任务描述 ❯❯❯

本任务以 HP 1008 激光打印机为例进行介绍，具体要求有两点：一是 Word 文件按样稿（图 1 - 4 - 1）进行排版，单面打印；二是 Excel 文件按样稿（图 1 - 4 - 2）进行排版，双面打印。

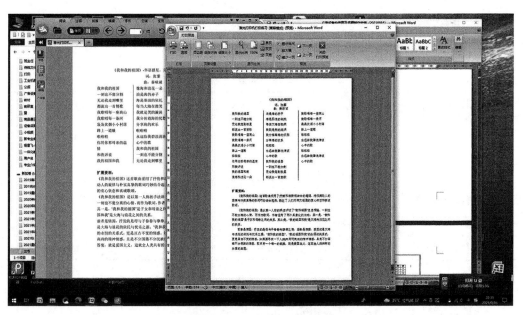

图 1 - 4 - 1　Word 文件样稿

学号	姓名	办公软件应用	计算机组装与维护	计算机网络基础	java程序设计	平均分	总分
19070101	陈学鸿	78	68	82	75	73.833	443
19070102	陈招值	65	67	70	69.4	71.567	429
19070103	崇倩清	90	98	91	99.9	89.650	538
19070104	万换歌	78	73	69	76.4	74.567	447
19070105	黄财达	82	71	77	75	75.833	455
19070106	黄承瑞	88	69	68	64	72.167	433
19070107	黄德建	80	77	95	77.4	80.733	484
19070108	黄吉红	84	94	95	80.7	82.783	497
19070109	黄美俊	89	94	99	70.9	82.983	498
19070110	黄其州	78	73	73	63.3	71.217	427
19070111	霍远鸿	61	64	64	63	67.500	405
19070113	李文航	87	73	93	68.6	80.600	484
19070114	李桂胜	89	92	90	71.6	83.433	501
19070115	李东卫	94	98	97	82.7	88.283	530
19070116	毛文轩	75	70	69	66.4	73.067	438
19070117	莫烨淋	75	70	71	67.4	76.067	456
19070118	农邦杰	82	69	73	79.8	77.800	467
19070119	农良友	91	87	97	74.4	87.067	522
19070121	欧玉破	64	70	60	68.4	70.067	420
19070122	潘俊兵	76	68	71	66.4	71.233	427
19070123	潘法杨	96	98	95	86.3	96.050	516
19070124	庞业龙	91	97	97	96.3	93.550	561
19070125	谭桢林	80	78	77	67.3	76.217	457
19070126	韦善贤	90	94	90	82.8	86.467	519
19070127	韦磊明	64	72	68	72.6	72.100	433
19070129	韦耀国	82	82	68	64.1	70.517	423
19070130	韦耀振	83	94	96	82.2	78.033	468
19070132	谢国健	85	96	95	80.8	87.133	523
19070133	谢国鸿	87	82	80	80	81.667	490
19070135	张晶妹	89	93	87	83.2	86.700	520
19070136	周威	96	82	82	62.3	80.217	481

（a）

学号	姓名	办公软件应用	计算机组装与维护	计算机网络基础	java程序设计	平均分	总分
19070137	黄传敏	76	68	82	75	73.833	443
19070138	黄红桃	65	67	70	69.4	71.567	429
19070139	黄淑妹	90	98	91	99.9	89.650	538
19070140	黄小珊	78	73	69	76.4	74.567	447
19070141	黄珍繁	82	71	77	75	75.833	455
19070142	黇孙秀	88	69	68	64	72.167	433
19070143	黎秋梅	80	77	95	77.4	80.733	484
19070144	梁明珠	84	94	95	80.7	82.783	497
19070145	廖金桃	89	94	99	70.9	82.983	498
19070146	刘发	78	73	73	63.3	71.217	427
19070147	刘荣琴	61	64	64	63	67.500	405
19070148	陆凤玲	87	73	93	68.6	80.600	484
19070149	陆绍升	89	92	90	71.6	83.433	501
19070150	罗冬梅	94	98	97	82.7	88.283	530
19070151	罗凯文	75	70	69	66.4	73.067	438
19070152	潘宝	75	70	71	67.4	76.067	456
19070153	潘华江	82	69	73	79.8	77.800	467
19070154	阮雪云	91	87	97	74.4	87.067	522
19070155	韦雪叛	64	70	60	68.4	70.067	420
19070156	韦永峰	76	68	71	66.4	71.233	427
19070157	谢雪	96	98	95	78.3	96.050	516
19070158	许金玲	91	97	97	96.3	93.550	561
19070159	许金梅	80	78	77	67.3	76.217	457
19070160	耿鑫	90	94	90	82.8	86.467	519
19070161	郑洁	64	72	68	72.6	72.100	433
19070162	吴小炜	82	82	68	64.1	70.517	423
19070163	黎秋梅	83	94	96	82.2	78.033	468
19070164	梁明珠	85	96	95	80.8	87.133	523
19070165	廖金桃	87	82	80	80	81.667	490
19070166	刘发	89	93	87	83.2	86.700	520
19070167	刘荣琴	96	82	82	62.3	80.217	481

（b）

图 1 - 4 - 2　Excel 文件样稿

一、具体任务

分析任务要求，得出任务清单，见表 1 - 4 - 1。

表 1 - 4 - 1   任务清单

任务内容	任务要求	验收方式
Word 文件排版	按照给定样稿排版	成果展示
Excel 文件排版		
Word 文件单面打印	判断所给内容是否属于打印页面	作业填报
	指出常用打印设置的作用	
	单面打印文件	
Excel 文件双面打印	双面打印，每页有表头	成果展示并拍照填报

二、任务环境

（1）计算机 4 台/组；

（2）HP 1008 激光打印机 1 台/组；

（3）Word 文件素材、Excel 文件素材各 1 份/组；

（4）70 克复印纸 8 张。

任务实施 〉〉〉

一、任务分组

将全班 40 名学生分为 8 个工作小组，各小组分别安排 1 名指导教师（师傅）和 1 名组长，组长统筹安排组员的工作任务，正确填写学生任务分配表（表 1 - 4 - 2）。

表 1 - 4 - 2   学生任务分配表

班级		组号		指导教师	
组长		学号		指导师傅	
组员	姓名	学号		姓名	学号
任务分工					

二、任务准备

学生通过查阅教材、上网搜索、听课、讨论等获取表 1 - 4 - 3 中的答案或案例，并进行自我评价，确保任务顺利实施。

表1－4－3　　　　　　　　相关知识和技能信息确认单

相关知识和技能点	答案/案例	自我评价
按照给定 Word 样稿排版		
按照给定 Excel 样稿排版		
判断所给内容是否属于打印页面		
指出常用打印设置的作用		
单面打印文件		
双面打印，每页有表头		

三、任务计划

（一）制订计划

思考任务方案，制订工作计划，在表1－4－4中用适当的方式展示计划。

表1－4－4　　　　　　　　计划制订工作单（成员使用）

1. 解决方案 建议使用图案或拍照描述方式。

2. 任务涉及设备信息、使用材料列表

需要的设备	
需要的材料	

（二）确定计划

小组检查、讨论后确定计划，并在表1－4－5中用适当的方式展示出来。

表 1 - 4 - 5 　　　　　　　计划决策工作单（小组决策使用）

1. 小组讨论决策

负责人：_____，讨论发言人：_____。

决策结论及方案变更：

2. 小组互评决策

优点	缺点	综合评价（A、B、C、D、E）	签名

3. 人员分工与进度安排

内容	人员	时间安排	备注
Word 版面			
Excel 版面			
单面打印文件			
双面打印文件			

四、任务执行

（一）Word 及 Excel 文件排版

1. Word 文件排版

（1）页面设置：纸张 A4，页边距上下 2.54cm、左右 3.17cm，纸张方向为纵向。

（2）字体字号：第一行黑体四号，第二、第三行及正文宋体小四，"扩展资料"黑体小四，后三段宋体小四。

（3）段落格式：前三行居中对齐，后三段首行缩进两个字符。

（4）正文：分栏设置如图 1 - 4 - 3 所示。

2. Excel 文件排版

（1）页面设置：纸张 A4，页边距上下 1.9cm、左右 1.8cm，纸张方向为纵向。

（2）多页打印相同的标题：顶端标题行设置如图 1 - 4 - 4 所示。

（3）行高：选择第 2 ~ 63 行，设置行高为 22 磅。

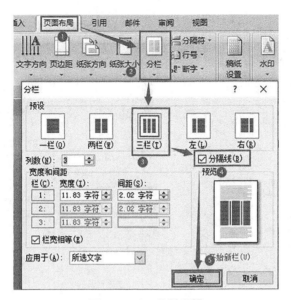

图1-4-3　分栏设置

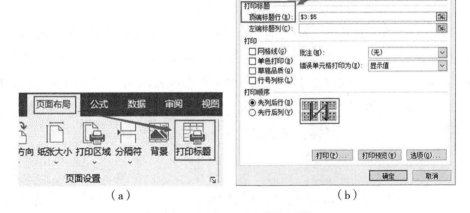

（a）　　　　　　　　　　（b）

图1-4-4　顶端标题行设置

（二）Word 及 Excel 文件打印（以 Word 2010 为例）

（1）打开排好版的 Word 文档，单击工具栏的"文件"→"打印"（图1-4-5）。

（2）打印页面设置。

在打印的设置页面，我们可以自由选择打印页面，有如下选项（图1-4-6）。

①打印所有页：系统默认打印文档的所有页面。

②打印当前页面：即打印当前光标所在的页面。

③仅打印奇数页或者仅打印偶数页：方便我们提取文档的部分内容。

④自定义打印范围：根据我们的需求只打印指定页面。

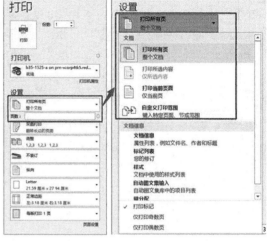

图1-4-5　"文件"→"打印"　　　　　　图1-4-6　打印页面设置

（3）单双面打印。

打印文档的时候系统默认是单面打印，但有时我们也会使用双面打印的方式进行打印，这就需要我们在"打印"的"设置"页面里选择"单面打印"下拉菜单，然后根据需要设置为"双面打印"或"手动双面打印"，这里设置为"手动双面打印"（图1-4-7），打印一个页面后，再将打印好的纸张重新放入纸托，空白面朝上，纸张上的内容顶端朝前。

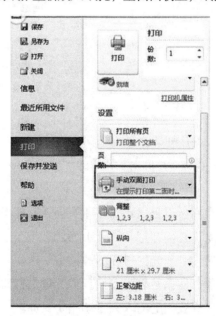

图1-4-7　单双面设置

（4）纸张方向。

在编辑文档时，我们有时会使用到横向页面，因此在打印时便需要调整纸张的方向，方法是选择"纵向"下拉菜单，选择"横向"（图1-4-8）。

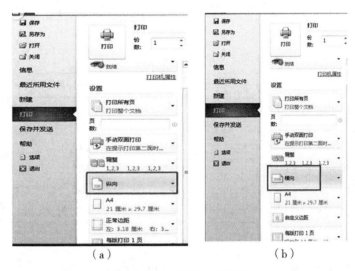

（a）　　　　　　　　　　　　　　（b）

图1-4-8　纸张方向设置

（5）纸张大小。

Word默认的纸张大小是A4，除了A4，还有A3、B4、B5等多种尺寸供我们选择（图1-4-9）。

（6）设置好所有内容后，单击"打印"按钮进行打印（图1-4-10）。

图1-4-9　纸张尺寸设置

图1-4-10　"打印"按钮

任务评价 〉〉〉

按照知识、技能和职业素养进行检查，在表1-4-6中评分。评分采用扣分制，每项扣完为止。

表1-4-6　　　　　　　　　　　检查记录工作单

检查项目	检查内容	评分标准	评分
1. 知识 （20分）	顶端标题行作用，5分	回答不正确，扣5分	
	打印页面设置，5分		
	纸张方向，5分		
	常用纸张大小，5分		
2. 技能 （50分）	按照给定Word样稿排版，5分	排版不正确，扣5分	
	按照给定Excel样稿排版，5分		
	单面打印文件，10分	打印内容倾斜，扣10分	
	双面打印，每页有表头，30分	打印内容倾斜，扣10分； 第二页没有表头，扣10分； 双面打印放纸不正确，扣10分	
3. 职业素养 （30分）	劳动纪律，10分	遵守纪律，尊重教师，爱惜实训设备和器材，违反上述情况1次酌情扣1~2分；若有特别严重的违纪行为，则本次考核不合格，并按照相关制度进行处理	
	操作规范，10分	设备使用不合理，卫生没有清扫，每处酌情扣1~2分	
	安全意识，10分	危险用电等根据现场情况扣1~3分；损坏设施设备，本次考核不及格，并按照相关制度进行处理	

任务改进 〉〉〉

按照检查中存在的问题进行改进，在表1-4-7中记录改进要点，并由项目负责人签字。

表1-4-7	改进提交工作单
改进要点记录	
负责人（签字）	

任务5　使用喷墨打印机打印名片

任务目标 〉〉〉

1. 知识目标

（1）能区分复印纸与铜版纸；

（2）能区分不同厚度的铜版纸；

（3）能指出不同大小名片的尺寸。

2. 能力目标

（1）能设置名片的出血位；

（2）能利用居中对齐设置版面，进行排版；

（3）能正确放置纸张；

（4）能正确执行打印任务。

3. 素质目标

（1）在团队沟通中能清晰表达自己的意见，并能与他人达成一致；

（2）语言表达流畅，声音洪亮；

（3）了解并执行7S管理标准。

思政要点 〉〉〉

中职教育中学生工匠精神的培养。

任务描述 〉〉〉

本任务以EPSON L380彩色喷墨打印机为例进行介绍，具体要求有两点：一是在设计软件中进行排版，双面打印；二是使用裁切刀裁切成品。

一、具体任务

分析任务要求，得出任务清单，见表 1 - 5 - 1。

表 1 - 5 - 1 任务清单

任务内容	任务要求	验收方式
区分复印纸与铜版纸	在给定的纸张中找出铜版纸	成果展示
区分不同厚度的铜版纸	在给定的铜版纸中辨别 160 克和 180 克的铜版纸	
按尺寸设置名片及出血位	将给定的名片素材导入设计软件，设置名片尺寸为 90mm×54mm，各边加出血位 2mm	作业填报
版面排版	将设置好的单张名片在整张 A4 纸页面上排版，最大效率利用纸张，不浪费空间	
双面打印	双面打印，名片正反面对应	

二、任务环境

（1）计算机 4 台/组；

（2）EPSON L380 彩色喷墨打印机 1 台/组；

（3）名片素材 1 份/人；

（4）80 克复印纸 4 张，160 克铜版纸 4 张，180 克铜版纸 4 张；

（5）裁切刀 1 把/组。

任务实施 ❯❯❯

一、任务分组

将全班 40 名学生分为 8 个工作小组，各小组分别安排 1 名指导教师（师傅）和 1 名组长，组长统筹安排组员的工作任务，正确填写学生任务分配表（表 1 - 5 - 2）。

表 1 - 5 - 2 学生任务分配表

班级		组号		指导教师	
组长		学号		指导师傅	
组员	姓名	学号		姓名	学号
任务分工					

二、任务准备

学生通过查阅教材、上网搜索、听课、讨论等获取表 1 – 5 – 3 中的答案或案例，并进行自我评价，确保任务顺利实施。

表 1 – 5 – 3　　　　　　　　　相关知识和技能信息确认单

相关知识和技能点	答案/案例	自我评价
区分复印纸与铜版纸		
区分不同厚度的铜版纸		
按尺寸设置名片及出血位		
版面排版		
双面打印		

三、任务计划

（一）制订计划

思考任务方案，制订工作计划，在表 1 – 5 – 4 中用适当的方式展示计划。

表 1 – 5 – 4　　　　　　　　　计划制订工作单（成员使用）

1. 解决方案
建议使用图案或拍照描述方式。

2. 任务涉及设备信息、使用材料列表

需要的设备	
需要的材料	

（二）确定计划

小组检查、讨论后确定计划，并在表1-5-5中用适当的方式展示出来。

表1-5-5　　　　　　　　　计划决策工作单（小组决策使用）

1. 小组讨论决策

负责人：＿＿＿＿＿，讨论发言人：＿＿＿＿＿＿＿＿＿＿。

决策结论及方案变更：

2. 小组互评决策

优点	缺点	综合评价（A、B、C、D、E）	签名

3. 人员分工与进度安排

内容	人员	时间安排	备注
区分复印纸与铜版纸			
区分不同厚度的铜版纸			
版面排版			
双面打印			

四、任务执行

（一）名片排版

（1）打开设计软件。

（2）将名片素材导入其中。

（3）更改信息。

（4）按图1-5-1所示，将单张名片排版在A4纸的页面上，反面排版与正面一致。

（二）名片打印

（1）将EPSON L380打印机接通电源，打开进纸盖，拉开后挡板（图1-5-2）。

图1-5-1 名片排版

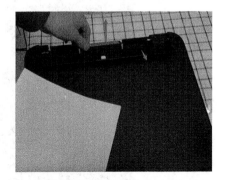

图1-5-2 拉开后挡板

（2）拖动左右滑块，调节入口尺寸，以适应 A4 纸大小（图1-5-3）。

（3）将 A4 纸张放入后进纸口（图1-5-4）。

图1-5-3 拖动左右滑块

图1-5-4 将 A4 纸放入后进纸口

（4）在设计软件中打开名片正面页面，单击"文件"→"打印"，打开图1-5-5所示的"打印"对话框。

（5）单击左下角的"设置"，弹出如图1-5-6所示的提示框。单击"继续"按钮。

（6）单击"首选项"按钮（图1-5-7）。

（7）依次设置文档尺寸（A4）、方向（纵向），单击"打印纸类型"下拉框，选择"爱普生高质量光泽纸"（图1-5-8），设置完成后单击"确定"按钮。

（8）单击"质量"下拉框，选择"标准"，再单击"确定"按钮（图1-5-9）。

（9）返回"打印"对话框，单击"打印"按钮进行打印（图1-5-10）。

（10）等待名片正面内容打印完毕。

（11）将刚打印完的名片正面纸张顶部朝下、空白面朝上放入进纸口。

（12）在设计软件中打开名片反面页面，按正面打印方法打印反面。

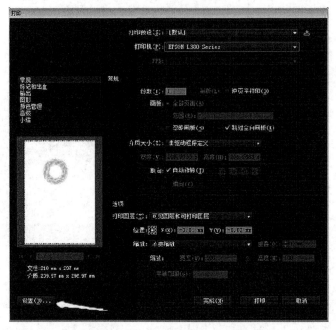

图 1 - 5 - 5　"打印"对话框

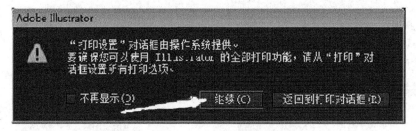

图 1 - 5 - 6　提示框

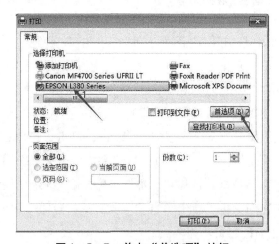

图 1 - 5 - 7　单击"首选项"按钮

图 1 – 5 – 8　打印设置

图 1 – 5 – 9　"质量"→"标准"

图 1 – 5 – 10　单击"打印"按钮进行打印

（三）裁切名片

（1）手动切纸机（图1-5-11）用于各种纸张、照片等的裁切。标准式样的手动切纸机由台板，上、下刀具，定位挡板，标尺挡板等组成。

（2）使用时，向上抬起刀具（图1-5-12）。

图1-5-11　手动切纸机

图1-5-12　抬起刀具

（3）调节定位挡板位置：拧松螺丝，左右调节定位挡板至合适位置，然后拧紧螺丝（图1-5-13）。

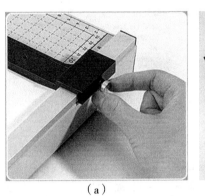

（a）

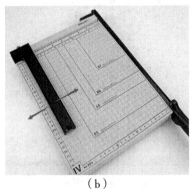

（b）

图1-5-13　调节定位挡板位置

（4）放入纸张，对准刻度，调节至需要裁切的位置（图1-5-14）。

（5）将纸压好，快速切下即可（图1-5-15）。

图1-5-14　对准刻度

图1-5-15　裁切纸张

任务评价 〉〉〉

按照知识、技能和职业素养进行检查，在表 1 - 5 - 6 中评分。评分采用扣分制，每项扣完为止。

表 1 - 5 - 6　　　　　　　　　　　检查记录工作单

检查项目	检查内容	评分标准	评分
1. 知识 （20分）	找出铜版纸，5 分	回答不正确，扣 5 分	
	辨别 160 克和 180 克的纸张，10 分	回答不正确，扣 10 分	
	出血位作用，5 分	回答不正确，扣 5 分	
2. 技能 （50分）	按尺寸设置名片及出血位，5 分	名片尺寸不正确，扣 3 分； 出血位尺寸不正确，扣 2 分	
	版面排版，10 分	版面排版不符合要求，扣 10 分	
	双面打印，10 分	正反面不对应，扣 10 分	
	裁切名片，25 分	裁切不精准，每张名片扣 5 分，扣完为止	
3. 职业素养 （30分）	劳动纪律，10 分	遵守纪律，尊重教师，爱惜实训设备和器材，违反上述情况 1 次酌情扣 1~2 分； 若有特别严重的违纪行为，则本次考核不合格，并按照相关制度进行处理	
	操作规范，10 分	设备使用不合理，卫生没有清扫，每处酌情扣 1~2 分	
	安全意识，10 分	危险用电等根据现场情况扣 1~3 分； 损坏设施设备，本次考核不及格，并按照相关制度进行处理	

任务改进 〉〉〉

按照检查中存在的问题进行改进，在表 1 - 5 - 7 中记录改进要点，并由项目负责人签字。

表 1 - 5 - 7　　　　　　　　　　　改进提交工作单

改进要点记录	
负责人（签字）	

项目二

02

复印机及扫描仪的使用

复印机及扫描仪是广告行业最基本的图文设备，也是日常办公最基本的办公设备。本项目介绍两类设备的使用：一是复印机，二是扫描仪。

　　本项目任务分为使用复印机复印文件、使用扫描仪扫描文件。

任务1　使用复印机复印文件

任务目标 〉〉〉

1. 知识目标

（1）能够识别复印机的种类；

（2）能复述复印机的基本术语概念。

2. 能力目标

（1）能正确安放文档纸张；

（2）能正确安放打印纸张；

（3）能正确进行复印。

3. 素质目标

（1）在团队沟通中能清晰表达自己的意见，并能与他人达成一致；

（2）语言表达流畅，声音洪亮；

（3）了解并执行7S目标管理标准。

思政要点 〉〉〉

（1）由纸张的安放引申出精益求精的工匠精神；

（2）由减少纸张的使用引申出节约、环保理念。

任务描述 〉〉〉

本任务以使用EPSON L380打印机复印文件为例进行介绍，具体要求有两点：一是正确安放文档纸张及打印纸张，二是正确复印。

一、具体任务

分析任务要求，得出任务清单，见表2-1-1。

二、任务环境

（1）计算机1台/组；

（2）EPSON L380打印机（三合一）1台/组；

表 2 – 1 – 1   任务清单

任务内容	任务要求	验收方式
识别复印机种类	1. 根据工作原理判断复印机种类； 2. 根据其他特点判断复印机种类	作业填报
复印机的基本术语概念	写出复印机的基本术语概念	
安放文档纸张	将文档纸张安放到复印平台上	成果展示并拍照填报
安放打印纸张	将打印纸张安放到打印输入口	
复印	复印文件	成果展示

（3）复印纸 8 张/组；

（4）有内容的纸张 1 张/组。

知识链接

一、复印机种类

（1）根据工作原理的不同，复印机可分为模拟复印机和数码复印机。

目前市面上的复印机大多数为数码复印机，模拟复印机基本已被淘汰。数码复印机具有技术高、质量高、组合化、生产能力强、可靠性强等一系列优点。

模拟复印机的工作原理：通过曝光、扫描方式将原稿的光学模拟图像通过光学系统（如镜头、镜子）直接投射到已被充电的感光鼓上，产生静电潜像，再经过显影、转印、定影等步骤，完成整个复印过程。

数码复印机的工作原理：首先通过 CCD（电荷耦合器件）传感器对通过曝光、扫描产生的原稿的光学模拟图像信号进行光电转换，然后将经过数字技术处理的图像数码信号输入激光调制器，调制后的激光束对被充电的感光鼓进行扫描，在感光鼓上产生静电潜像，图像处理装置（存储器）对诸如图像模式等进行数码处理后，再经过显影、转印、定影等步骤，完成整个复印过程。数码复印机基本上相当于把扫描仪和激光打印机的功能融合在一起了。

（2）根据复印速度的不同，复印机可分为低速复印机、中速复印机和高速复印机 3 种。

低速复印机每分钟可复印 A4 幅面的文件 10 ~ 30 份，中速复印机每分钟可复印 30 ~ 60 份，高速复印机每分钟可复印 60 份以上。

（3）根据复印幅面的不同，复印机可分为普及型复印机和工程复印机两种。

普通办公场所使用的复印机复印的幅面大小为 A3 ~ A5。如果需要复印更大幅面的文档（如工程图纸等），则需使用工程复印机，工程复印机复印的幅面大小为 A2 ~ A0，甚至更大，不过其价格也非常贵。

（4）根据复印机使用纸张的不同，复印机可分为特殊纸复印机及普通纸复印机。

特殊纸一般指感光纸，普通纸是指普遍使用的复印纸。

（5）根据复印机显影方式的不同，复印机可分为单组份复印机和双组份复印机。

（6）根据复印机复印颜色的不同，复印机可分为单色复印机、多色复印机及彩色复印机3种。

二、复印机术语

（1）复印比例：指复印机能对原稿进行的扩大或者缩小的比例。例如，25%说明复印机能复印出原稿1/4大小的复印品，400%则说明能将复印品扩大到原稿的4倍大小。复印比例相差数值越大，说明复印机可扩缩的范围越大，性能相对也越好。

（2）复印分辨率：分辨率又称解析度、解像度，它和像素有直接关系，如复印分辨率为1024×768，就是指水平方向有1024个像素点、垂直方向有768个像素点。

（3）复印品尺寸：由复印机所能接受的最大复印纸张的大小决定。一般为A3或者A4大小。

（4）复印速度：指单位时间内连续复印的张数，是复印机最主要的性能参数。单位为页/分钟，速度越快表明复印机性能越好。

（5）连续复印数目：指复印机在一次指令下最多能复印出相同复印品的数目。一般数值为1~99或者1~999，数值越大说明复印机性能越好。

（6）预热时间：复印机从通电到正常工作需要的时间。时间越短，说明等待的时间越少，复印机性能自然就越好。

（7）原稿类型：指复印机所能接受的复印品的类型，一般有纸张、书本及一些立体实物。

任务实施 〉〉〉

一、任务分组

将全班40名学生分为8个工作小组，各小组分别安排1名指导教师（师傅）和1名组长，组长统筹安排组员的工作任务，正确填写学生任务分配表（表2-1-2）。

表2-1-2　　　　　　　　　　学生任务分配表

班级		组号		指导教师	
组长		学号		指导师傅	
组员	姓名	学号	姓名	学号	
任务分工					

二、任务准备

学生通过查阅教材、上网搜索、听课、讨论等获取表2-1-3中的答案或案例，并进行自我评价，确保任务顺利实施。

表2-1-3　　　　　　　　　相关知识和技能信息确认单

相关知识和技能点	答案/案例	自我评价
根据工作原理判断复印机种类：模拟复印机或数码复印机		
根据其他特点判断复印机种类 1. 根据复印的速度判断； 2. 根据复印的幅面判断； 3. 根据复印机使用的纸张判断； 4. 根据复印机显影方式判断； 5. 根据复印机复印颜色判断		
写出复印机的基本术语 1. 复印比例； 2. 复印分辨率； 3. 复印品尺寸； 4. 复印速度； 5. 连续复印数目； 6. 预热时间； 7. 原稿类型		
将文档纸张安放到复印平台上		
将打印纸张安放到打印输入口		
复印文件		

三、任务计划

（一）制订计划

思考任务方案，制订工作计划，在表2－1－4中用适当的方式展示计划。

表2－1－4　　　　　　　　　计划制订工作单（成员使用）

1. 解决方案 建议使用图案或拍照描述方式。

2. 任务涉及设备信息、使用材料列表

需要的设备	
需要的材料	

（二）确定计划

小组检查、讨论后确定计划，并在表2－1－5中用适当的方式展示出来。

表2－1－5　　　　　　　　　计划决策工作单（小组决策使用）

1. 小组讨论决策

负责人：＿＿＿＿＿＿＿，讨论发言人：＿＿＿＿＿＿＿＿＿＿＿。

决策结论及方案变更：

2. 小组互评决策

优点	缺点	综合评价（A、B、C、D、E）	签名

续　表

3. 人员分工与进度安排			
内容	人员	时间安排	备注
根据工作原理判断复印机种类			
根据其他特点判断复印机种类			
复印机的基本术语			
安放文档纸张			
安放打印纸张			
复印			

四、任务执行

（1）打开 EPSON L380 打印机上盖，将需要复印的文档纸张安放到复印平台上，盖好盖子（图 2-1-1）。

（2）将打印纸张放入后进纸口（图 2-1-2）。

（3）直接按功能区的对应按钮即可复印，彩色按钮是彩印，灰色按钮是黑白复印（图 2-1-3）。

图 2-1-1　将纸张放在复印平台上

图 2-1-2　将纸张放入后进纸口

图 2-1-3　复印按钮

任务评价 〉〉〉

按照知识、技能和职业素养进行检查，在表 2-1-6 中评分。评分采用扣分制，每项扣完为止。

表 2 - 1 - 6 检查记录工作单

检查项目	检查内容	评分标准	评分
1. 知识 (15 分)	根据工作原理判断复印机种类，5 分	回答不正确，扣 5 分	
	根据其他特点判断复印机种类，5 分	回答不正确 1 个扣 1 分，扣完 5 分为止	
	写出给定复印机的基本术语概念，5 分		
2. 技能 (55 分)	安放复印纸张，20 分	安放纸张不平整，扣 5 分； 安放纸张边缘不对齐，扣 5 分； 安放纸张不到位，扣 5 分； 找不到复印平台，扣 20 分	
	安放打印纸张，20 分	安放纸张不平整，扣 5 分； 安放纸张边缘不对齐，扣 5 分； 找不到后进纸口，扣 20 分	
	复印，15 分	找不到复印按钮，扣 10 分； 复印时出现故障不能解决，扣 5 分	
3. 职业素养 (30 分)	劳动纪律，10 分	遵守纪律，尊重教师，爱惜实训设备和器材，违反上述情况 1 次酌情扣 1～2 分；若有特别严重的违纪行为，则本次考核不合格，并按照相关制度进行处理	
	操作规范，10 分	设备使用不合理，卫生没有清扫，每处酌情扣 1～2 分	
	安全意识，10 分	危险用电等根据现场情况扣 1～3 分；损坏设施设备，本次考核不及格，并按照相关制度进行处理	

任务改进 〉〉〉

按照检查中存在的问题进行改进，在表 2 - 1 - 7 中记录改进要点，并由项目负责人签字。

表 2 − 1 − 7 改进提交工作单

改进要点记录	
负责人（签字）	

任务 2　使用扫描仪扫描文件

任务目标 ❯❯❯

1. 知识目标

（1）能够识别扫描仪的种类；

（2）能回答扫描仪的基本术语概念。

2. 能力目标

（1）能正确安放文档纸张；

（2）能正确进行扫描。

3. 素质目标

（1）在团队沟通中能清晰表达自己的意见，并能与他人达成一致；

（2）语言表达流畅，声音洪亮；

（3）了解并执行 7S 管理标准。

思政要点 ❯❯❯

由纸张的安放引申出精益求精的工匠精神。

任务描述 ❯❯❯

本任务以使用 EPSON L380 打印机扫描文件为例进行介绍，具体要求有两点：一是正确安放文档纸张，二是正确进行扫描。

一、具体任务

分析任务要求，得出任务清单，见表 2 − 2 − 1。

表 2 - 2 - 1　　　　　　　　　　　　　　任务清单

任务内容	任务要求	验收方式
识别扫描仪种类	根据特点判断扫描仪种类	作业填报
扫描仪的基本术语概念	写出扫描仪的基本术语概念	
安放文档纸张	将文档纸张安放到扫描平台上	成果展示并拍照填报
扫描	扫描文件	成果展示

二、任务环境

（1）计算机 1 台/组；

（2）EPSON L380 打印机（三合一）1 台/组；

（3）有内容的纸张 1 张/组。

知识链接

一、扫描仪介绍

扫描仪是一种进行影像捕获的设备。作为一种计算机外设产品，扫描仪是继鼠标和键盘之后的第三大计算机输入设备，它可将影像转换为计算机可以显示、编辑、存储和输出的数字格式，是功能强大的一种输入设备。

1. 手持式扫描仪

手持式扫描仪是一种二维码影像扫描器，被广泛用于民航、高铁、银行和证券等行业。

2. 馈纸式扫描仪

馈纸式扫描仪诞生于 20 世纪 90 年代初。随着平板式扫描仪价格的下降，这类产品逐渐退出历史舞台。

3. 鼓式扫描仪

鼓式扫描仪又称滚筒式扫描仪，是专业印刷排版领域应用最广泛的产品，其使用感光器件是光电倍增管。

4. 平板式扫描仪

平板式扫描仪又称平台式扫描仪、台式扫描仪。这种扫描仪是办公用扫描仪的主流产品，扫描幅面一般为 A4 或者 A3。

5. 大幅面扫描仪

大幅面扫描仪又称工程图纸扫描仪，扫描幅面一般为 A1 ~ A0。

6. 底片扫描仪

底片扫描仪又称胶片扫描仪，分辨率很高，专门用于胶片扫描。

二、扫描仪术语介绍

1. 分辨率

分辨率影响扫描仪对图像细节的表现能力，通常用每英寸长度上扫描图像所含的像素点的多少来表示。

2. 灰度级

灰度级表示灰度图像的亮度层次范围。级数越多，说明扫描仪图像亮度范围越大、层次越丰富。

3. 色彩数

色彩数表示彩色扫描仪所能产生颜色的范围，通常用每个像素点颜色数据的位数（bit）表示。比如，36bit 就表示每个像素点上有 2^{36} 种颜色。

4. 扫描速度

扫描速度通常用一定分辨率和图像尺寸下的扫描时间表示。

5. 扫描幅面

扫描幅面表示扫描图稿尺寸的大小，常见的有 A4 幅面，其他的有 A3 幅面、A0 幅面等。

▰▰▰ 任务实施 〉〉〉

一、任务分组

将全班 40 名学生分为 8 个工作小组，各小组分别安排 1 名指导教师（师傅）和 1 名组长，组长统筹安排组员的工作任务，正确填写学生任务分配表（表 2-2-2）。

表 2-2-2　　　　　　　　　　学生任务分配表

班级		组号			指导教师	
组长		学号			指导师傅	
组员		姓名	学号	姓名	学号	
任务分工						

二、任务准备

学生通过查阅教材、上网搜索、听课、讨论等获取表 2-2-3 中的答案或案例，并进行自我评价，确保任务顺利实施。

表2－2－3　　　　　　　　　　相关知识和技能信息确认单

相关知识和技能点	答案/案例	自我评价
根据特点判断扫描仪种类		
写出扫描仪的基本术语概念		
将文档纸张安放到扫描平台上		
扫描文件		

三、任务计划

（一）制订计划

思考任务方案，制订工作计划，在表2－2－4中用适当的方式展示计划。

表2－2－4　　　　　　　　　　计划制订工作单（成员使用）

1. 解决方案 建议使用图案或拍照描述方式。	

2. 任务涉及设备信息、使用材料列表

需要的设备	
需要的材料	

（二）确定计划

小组检查、讨论后确定计划，并在表2－2－5中用适当的方式展示出来。

表 2 - 2 - 5　　　　　　　计划决策工作单（小组决策使用）

1. 小组讨论决策
负责人：＿＿＿＿＿，讨论发言人：＿＿＿＿＿＿＿＿＿＿。
决策结论及方案变更：

2. 小组互评决策

优点	缺点	综合评价（A、B、C、D、E）	签名

3. 人员分工与进度安排

内容	人员	时间安排	备注
根据特点判断扫描仪种类			
写出扫描仪的基本术语概念			
将文档纸张安放在扫描平台上			
扫描文件			

四、任务执行

（1）打开 EPSON L380 打印机上盖，将需要扫描的文档纸张安放到扫描平台上，盖好盖子（图 2 - 2 - 1）。

图 2 - 2 - 1　将纸张安放到扫描平台上

（2）打开计算机控制面板，单击"查看设备和打印机"（图 2 - 2 - 2）。

（3）打开"设备和打印机"对话框，找到 EPSON L380 打印机（图 2 - 2 - 3）。

（4）右键单击 EPSON L380 图标，弹出右键菜单，单击"开始扫描"（图 2 - 2 - 4）。

图2-2-2 控制面板→查看设备和打印机

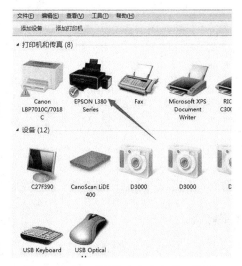

图2-2-3 "设备和打印机"对话框

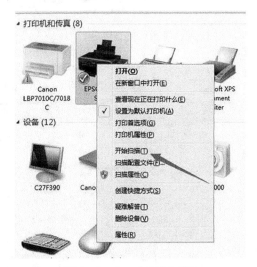

图2-2-4 "开始扫描"

（5）打开"新扫描"对话框（图2-2-5）。

（6）调整亮度为"30"，对比度为"10"，取消"预览或将图像扫描为单独的文件"，单击"预览"按钮（图2-2-6）。

（7）在预览框中可查看预览扫描的情况，可拖动四边线，调整扫描的范围（图2-2-7）。

图 2 – 2 – 5　"新扫描"对话框

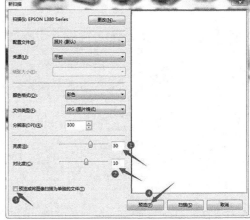

图 2 – 2 – 6　"新扫描"设置

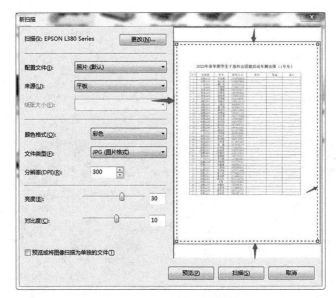

图 2 – 2 – 7　调整扫描范围

（8）单击"扫描"按钮（图 2 – 2 – 8）。

（9）开始扫描（图 2 – 2 – 9）。

（10）打开"导入图片和视频"对话框，单击"导入"按钮，将扫描的文件导入计算机（图 2 – 2 – 10）。

（11）在默认文件夹中显示扫描结果文件。

图 2 - 2 - 8　单击"扫描"按钮

图 2 - 2 - 9　开始扫描

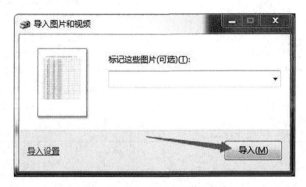

图 2 - 2 - 10　导入图片和视频

任务评价 〉〉〉

按照知识、技能和职业素养进行检查，在表 2 - 2 - 6 中评分。评分采用扣分制，每项扣完为止。

表 2 - 2 - 6 　　　　　　　　　　检查记录工作单

检查项目	检查内容	评分标准	评分
1. 知识 （15 分）	根据特点判断扫描仪种类，5 分	回答不正确，扣 5 分	
	写出扫描仪的基本术语概念，10 分	回答不正确 1 个扣 1 分，扣完 10 分为止	
2. 技能 （55 分）	安放文档纸张，20 分	安放纸张不平整，扣 5 分； 安放纸张边缘不对齐，扣 5 分； 安放纸张不到位，扣 5 分； 找不到扫描平台，扣 20 分	
	扫描，35 分	找不到扫描仪图标，扣 10 分； 不能打开扫描对话框，扣 10 分； 扫描参数设置不正确，1 项扣 2 分，扣完 10 分为止； 扫描出故障不能解决，扣 5 分	
3. 职业素养 （30 分）	劳动纪律，10 分	遵守纪律，尊重教师，爱惜实训设备和器材，违反上述情况 1 次酌情扣 1 ~ 2 分； 若有特别严重的违纪行为，则本次考核不合格，并按照相关制度进行处理	
	操作规范，10 分	设备使用不合理，卫生没有清扫，每处酌情扣 1 ~ 2 分	
	安全意识，10 分	危险用电等根据现场情况扣 1 ~ 3 分； 损坏设施设备，本次考核不及格，并按照相关制度进行处理	

任务改进 〉〉〉

按照检查中存在的问题进行改进，在表 2 – 2 – 7 中记录改进要点，并由项目负责人签字。

表 2 – 2 – 7　　　　　　　　　　　　改进提交工作单

改进要点记录	
负责人（签字）	

项目三

03

刻字机的使用

刻字机是广告行业经常使用的设备，主要是利用自带刀具，按计算机应用程序设计的文字或图案、通过计算机指令在柔性介质（如纸张、PVC 膜和塑料薄膜等）上按照要求切割。

本项目任务分为灯箱文字的制作及安装、装饰图案的制作及安装。

任务1　灯箱文字的制作及安装

任务目标 〉〉〉

1. 知识目标

(1) 能够识别刻字机所使用的材料种类；

(2) 能指出刻字机的结构部件名称；

(3) 能指出刻字机的适用行业。

2. 能力目标

(1) 能正确安装刻字材料；

(2) 能合理调整刻刀压力、小车速度；

(3) 能正确设定工作原点；

(4) 能在文泰软件中设计所需文字；

(5) 能正确刻绘文字；

(6) 能撕除多余部分，完好保留所需文字；

(7) 能完好地将文字转移到转移贴；

(8) 能完好地将文字从转移贴转移、粘贴到指定位置。

3. 素质目标

(1) 认同职业道德教育；

(2) 有团队合作精神，能进行正常的交流讨论；

(3) 了解并执行7S管理标准。

思政要点 〉〉〉

(1) 由各操作引申出精益求精的工匠精神；

(2) 由减少耗材的使用引申出节约、环保理念。

任务描述 〉〉〉

本任务以广告行业最常见的灯箱文字制作及安装为例进行介绍，使用刻字机刻绘文字并将其安装到灯箱面板上。

一、具体任务

分析任务要求，得出任务清单，见表3-1-1。

表3-1-1   任务清单

任务内容	任务要求	验收方式
识别刻字机所使用的材料种类	根据材料特点判断种类	作业填报
指出刻字机的结构部件名称	指出刻字机的结构部件名称	
指出刻字机的适用行业	判断所给定行业是否适用刻字机	
安装刻字材料	1. 将材料安装到托纸辊； 2. 将材料通过压纸轮安装到刻绘平台； 3. 使用压纸轮固定材料	拍照填报
调整刻刀压力、小车速度	1. 根据材料质地调整刻刀压力； 2. 根据内容复杂程度调整小车速度	
设定工作原点	根据材料使用情况，以节约的理念设定、调整工作原点	
在文泰软件中设计所需文字	在软件中设计"广告"两个字，字体：黑体，字号：300点	
刻绘输出	将所设计的文字刻绘输出	
撕除多余部分，保留所需文字	1. 将刻绘输出的文字从材料上剪切下来； 2. 撕除多余部分，完好保留所需文字	成果展示及拍照填报
将文字转移到转移贴	完好地将文字从材料上转移到转移贴	
将文字粘贴到指定位置	文字从转移贴转移、粘贴到指定位置，文字无气泡，边缘无破损，无其他瑕疵	成果展示

二、任务环境

（1）计算机（安装文泰软件）1台/组；

（2）刻字机1台/组；

（3）PVC不干胶1卷/组；

（4）转移贴1卷/组（共用）；

（5）亚克力灯箱面板1块/组；

（6）刮板、剪刀、美工刀各1把/组。

知识链接

一、刻字机适用行业及范围

（1）工业应用：编织袋印刷、汽车贴膜、手机美容贴等。

（2）广告行业（图3-1-1）：广告制作、灯箱制作、即时贴制作、展板制作等。

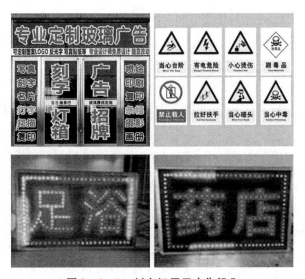

图3-1-1　刻字机用于广告行业

（3）交通标志（图3-1-2）：反光膜等。

（4）热转印图文：个性定制服装等。

（5）室内装饰：个性墙贴（图3-1-3）等。

（a）　　　　　　　　　　（b）

图3-1-2　交通标志　　　　　图3-1-3　个性墙贴

二、刻字机适用材料

PVC不干胶（即时贴）、车贴、刻字膜、反光膜、转移贴等都属于刻字机的适用材料。

1. PVC 不干胶（即时贴）

PVC 不干胶是应用最为广泛的刻字机材料，它的材质是聚氯乙烯，简单来说是一种膜类不干胶。

材料特性：可防水、防油、不可撕破、耐高温（不同材质的耐温性各有不同）。

2. 车贴

车贴也是 PVC 不干胶的一种，但它的材料主要是可以适应户外条件的专用胶贴纸，比普通的广告级 PVC 不干胶材料更具耐磨、防晒、不宜褪色、防紫外线（UV）和撕后不留胶等特点，有普通、夜光、金属反光、激光反光、金属拉丝等多种。

3. 刻字膜

刻字膜是指热转印过程中需要经过雕刻/切割的热转印膜，是在热与压力的共同作用下，连同离型层一起脱离载体薄膜，牢固转印在承印物表面的具有特殊功能的印刷膜。

常见的材质有 PU、TPU 等，一般由 3~5 层构成。3 层热转印膜由基底层、印刷层和胶黏层构成；4 层热转印膜由基底层、离型层、印刷层和胶黏层构成；5 层热转印膜由基底层、离型层、印刷层、胶黏层和热熔胶粉层构成。

它与传统丝印模式不同，其工艺简单、不用制版、制作标准高，已经被广泛应用于服装等行业。

4. 反光膜

反光膜是一种已制成薄膜并可直接应用的逆反射材料。其利用玻璃珠技术、微棱镜技术、合成树脂技术、薄膜技术、涂敷技术和微复制技术制成，通常有白色、黄色、红色、绿色、蓝色、棕色、橙色。它被广泛应用于道路交通标志、衣物等安全防护领域。

《道路交通反光膜》（GB/T 18833—2012）将反光膜按照其光度性能、结构和用途，分为 7 种类型。

Ⅰ类，通常为透镜埋入式玻璃珠型结构，被称为工程级反光膜，使用寿命一般为 7 年，可用于永久性交通标志和作业区设施。

Ⅱ类，通常为透镜埋入式玻璃珠型结构，被称为超工程级反光膜，使用寿命一般为 10 年，可用于永久性交通标志和作业区设施。

Ⅲ类，通常为密封胶囊式玻璃珠型结构，被称为高强级反光膜，使用寿命一般为 10 年，可用于永久性交通标志和作业区设施。

Ⅳ类，通常为微棱镜型结构，被称为超强级反光膜，使用寿命一般为 10 年，可用于永久性交通标志、作业区设施和轮廓标。

Ⅴ类，通常为微棱镜型结构，被称为大角度反光膜，使用寿命一般为 10 年，可用于永久性交通标志、作业区设施和轮廓标。

Ⅵ类，通常为微棱镜型结构，有金属镀层，使用寿命一般为 3 年，可用于轮廓标和交通柱，无金属镀层时也可用于作业区设施和字符较少的交通标志。

Ⅶ类，通常为微棱镜型结构，柔性材质，使用寿命一般为 3 年，可用于临时性交通标志和作业区设施。

5. 转移贴

转移贴是一个中间载体，存在于转移纸基或塑基之上，承载被印刷或打印的图案，它是用于转印到被印制的物品之上的一层化学弹性膜。

三、刻字机结构

刻字机结构见图 3 - 1 - 4 至图 3 - 1 - 8。

图 3 - 1 - 4　正面展示

图 3 - 1 - 5　背面展示

图 3 - 1 - 6　移动小车

图 3 - 1 - 7　压纸轮

图 3 - 1 - 8　接口

任务实施 〉〉〉

一、任务分组

将全班 40 名学生分为 8 个工作小组，各小组分别安排 1 名指导教师（师傅）和 1 名组长，组长统筹安排组员的工作任务，正确填写学生任务分配表（表 3 - 1 - 2）。

表 3 - 1 - 2 　　　　　　　　　　　学生任务分配表

班级		组号		指导教师	
组长		学号		指导师傅	
组员	姓名	学号	姓名	学号	
任务分工					

二、任务准备

学生通过查阅教材、上网搜索、听课、讨论等获取表 3 - 1 - 3 中的答案或案例，并进行自我评价，确保任务顺利实施。

表 3 - 1 - 3 　　　　　　　　相关知识和技能信息确认单

相关知识和技能点	答案/案例	自我评价
根据材料特点判断种类		
指出刻字机的结构部件名称		
判断所给定行业是否适用刻字机		
1. 将材料安装到托纸辊； 2. 将材料通过压纸轮安装到刻绘平台； 3. 使用压纸轮固定材料		
1. 根据材料质地调整刻刀压力； 2. 根据内容复杂程度调整小车速度		
根据材料使用情况，以节约的理念设定、调整工作原点		
在软件中设计"广告"两个字，字体：黑体，字号：100 点		
将所设计的文字刻绘输出		

相关知识和技能点	答案/案例	自我评价
1. 将刻绘输出的文字从材料上剪切下来； 2. 撕除多余部分，完好保留所需文字		
完好地将文字从材料上转移到转移贴		
将文字从转移贴转移、粘贴到指定位置，文字无气泡，边缘无破损，无其他瑕疵		

三、任务计划

（一）制订计划

思考任务方案，制订工作计划，在表3-1-4中用适当的方式展示计划。

表3-1-4 　　　　　　　　计划制订工作单（成员使用）

1. 解决方案 建议使用图案或拍照描述方式。	

2. 任务涉及设备信息、使用材料列表

需要的设备	
需要的材料	

（二）确定计划

小组检查、讨论后确定计划，并在表3-1-5中用适当的方式展示出来。

表 3 - 1 - 5 　　　　　计划决策工作单（小组决策使用）

1. 小组讨论决策
负责人：_____，讨论发言人：_____。
决策结论及方案变更：

2. 小组互评决策

优点	缺点	综合评价（A、B、C、D、E）	签名

3. 人员分工与进度安排

内容	人员	时间安排	备注
识别材料种类、指出部件名称及适用行业			
安装材料、调整刻刀压力和小车速度、设定工作原点			
在文泰软件中设计所需文字、刻绘输出			
撕除多余部分、保留文字、转移文字、粘贴文字			

四、任务执行

（一）材料安装

（1）电源线连接刻字机与电源插座。

（2）数据线连接刻字机与计算机。

（3）将托纸辊从材料纸筒中穿过，架于托架上。

（4）拉起压纸轮手柄，使压纸轮抬起。

（5）将材料顶部从后往前，从压纸轮下穿过，从前面拉出材料到合适位置。

（6）调整材料，使它两侧边缘与刻字机两侧平行。

（7）将压纸轮调整到机身标示位置（箭头所指）。

（8）按下压纸轮手柄，压住材料。

材料安装关键流程见图 3 - 1 - 9。

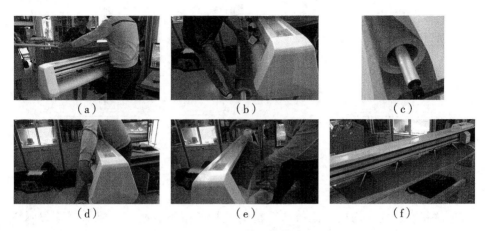

（a）　　　　　　　　　　（b）　　　　　　　　　　（c）

（d）　　　　　　　　　　（e）　　　　　　　　　　（f）

图 3 - 1 - 9　材料安装关键流程

（二）刀具的安装及调试

（1）将刀套从刀架上取出，将切割刀装入旋转刀套，刀和刀套见图 3 - 1 - 10。

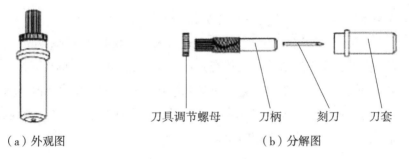

（a）外观图　　　　　　　　　　　　　　　　（b）分解图

刀具调节螺母　　　刀柄　　　刻刀　　　刀套

图 3 - 1 - 10　刀和刀套

（2）按箭头方向安装刻刀（图 3 - 1 - 11）。

（3）调节刀尖伸出长度（图 3 - 1 - 12）。

图 3 - 1 - 11　按箭头方向安装刻刀　　　　　**图 3 - 1 - 12　调节刀尖伸出长度**

（4）根据材料调整刀尖长度（图 3 - 1 - 13）。

（5）将刀套装入刀架，调整到合适的位置后拧紧螺丝。

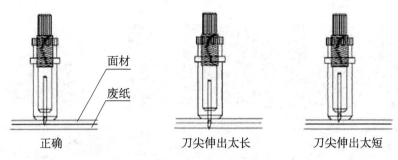

面材

废纸

正确　　　　　　刀尖伸出太长　　　　　　刀尖伸出太短

图 3 - 1 - 13　调整刀尖长度

（三）按键说明

（1）联机键：用于切换机器与计算机的连接。按下联机键，机器屏幕显示 X、Y 坐标时，为脱机状态（与计算机不连接）；按下联机键，机器屏幕显示机器名称及型号时，为联机状态（与计算机连接）。

（2）菜单键：用于对机器进行设置。

（3）复位键：用于小车回到工作原点。

（4）暂停/测试键：用于暂停刻绘过程或进行测试。

（5）上方向键：用于进纸（脱机状态）或增大速度数值（联机状态）。

（6）下方向键：用于退纸（脱机状态）或减小速度数值（联机状态）。

（7）左方向键：用于小车向左侧移动（脱机状态）或增大压力数值（联机状态）。

（8）右方向键：用于小车向右侧移动（脱机状态）或减小压力数值（联机状态）。

（9）确认键：用于确认所进行的设置。

（四）调整工作原点

材料右下角为绝对原点，可根据需要调整工作原点（图 3 - 1 - 14）。

（1）按联机键切换至脱机状态。

（2）按上、下方向键，调整材料前后位置。

（3）按左、右方向键，调整小车位置，按确认键。

（4）按联机键切换至联机状态。

（五）速度和压力调试（在联机状态下）

按菜单键，屏幕显示速度、压力（图 3 - 1 - 15）。

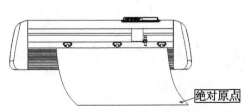

绝对原点

图 3 - 1 - 14　调整工作原点

图 3 - 1 - 15　屏幕显示速度、压力

（1）根据内容复杂度，按上、下方向键调节速度，按上方向键加大速度，按下方向键降低速度；按左、右方向键调节压力，按左方向键加大压力，按右方向键减小压力。

（2）按"暂停/测试"键，刻字机会自动切割一个正方形，用手揭测试条，如果能够轻易揭开且未刻透不干胶，说明调试好；如果揭开时有连带的材料，说明压力过小，则要加大压力值，然后继续按"暂停/测试"键，机器会在原来位置的左侧再次自动切割，可继续测试，直至调试好。

（六）刻绘文字

（1）双击文泰刻绘应用程序，打开图 3-1-16 所示的对话框，单击"OK"按钮。

（2）输入所需宽、高数值，通常宽度设置为所用纸张的宽度（这里设置为 6000mm），高度设置为大于内容的高度，确定数值后，单击"创建新文件"按钮（图 3-1-17）。

（3）进入界面（图 3-1-18）。

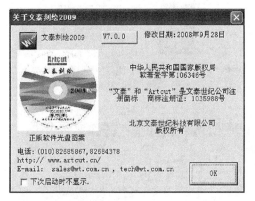

图 3-1-16 "关于文泰刻绘 2009"对话框

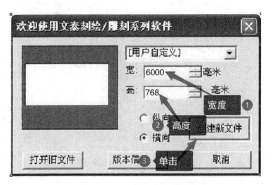

图 3-1-17 创建新文件

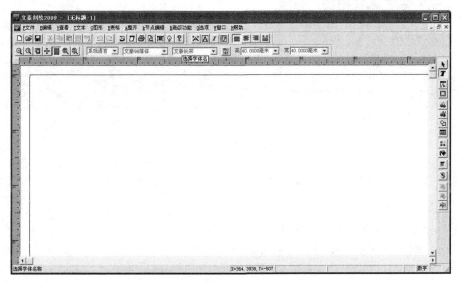

图 3-1-18 进入界面

（4）单击选择右侧工具栏中的"文字"按钮（图3-1-19）。

（5）在工作区输入"广告"两个字，在上方工具栏中设置字体，高度和宽度各设置为100mm（图3-1-20）。

（6）单击上方工具栏中"刻绘输出"按钮（图3-1-21）。

（7）在弹出的对话框中单击"是（Y）"按钮，弹出"刻绘输出"对话框（图3-1-22）。

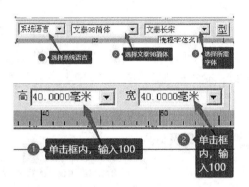

图3-1-19　选择　　　　图3-1-20　进行　　　　图3-1-21　单击
　"文字"按钮　　　　　　相应设置　　　　　　"刻绘输出"按钮

（a）

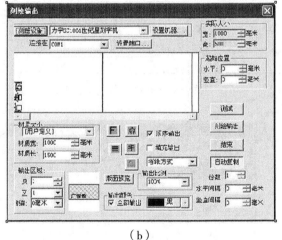

（b）

图3-1-22　刻绘输出

（8）利用"给所有文字加框""给每个文字加框"两个按钮，抠取内容（图3-1-23）。

（9）单击"刻绘输出"按钮（图3-1-24）。

（10）单击"开始"按钮，进行刻绘（图3-1-25）。

图 3 – 1 – 23　两个按钮

图 3 – 1 – 24　单击"刻绘输出"按钮

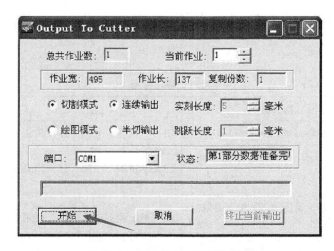

图 3 – 1 – 25　单击"开始"按钮

（七）抠取文字

（1）将刻好的内容从不干胶上整体裁下。

（2）将除文字外的不干胶从纸基上撕下，注意，文字不相连的笔画不能撕掉，可以用手指或美工刀按压操作。

（3）剪取比内容稍大的转移贴。

（4）将转移贴从纸基上撕下，为降低黏度，可在毛巾或在空工作台上重复粘贴三四次。

（5）将转移贴覆盖到不干胶文字上。

（6）撕取转移贴及文字，使其从不干胶纸基上分离，注意，不要漏下不相连的文字笔画。

（八）粘贴文字

（1）将需要粘贴的位置清洁干净。

（2）如内容较多，可在需要粘贴的位置喷洒少许加有洗洁精的水。

（3）将粘贴有文字的转移贴小心、仔细地贴到相应位置。

（4）用刮板反复刮粘贴有文字的部位 2～3 次。

（5）将转移贴揭下来，注意，不相连的文字笔画不要带起来，可用手指或美工刀按压操作。

（6）转移贴全部揭下来后，检查文字，查看是否有小气泡或卷边的情况，若有，可用美工刀或针刺破小气泡，压平卷边位置，再用刮板刮平。如此，各流程则全部完成。

任务评价 〉〉〉

按照知识、技能和职业素养进行检查，在表3-1-6中评分。评分采用扣分制，每项扣完为止。

表3-1-6 检查记录工作单

检查项目	检查内容	评分标准	评分
1. 知识 （7分）	根据材料特点判断种类，2分	回答不正确1个扣1分，扣完2分为止	
	指出刻字机的结构部件名称，3分	回答不正确1个扣1分，扣完3分为止	
	判断所给定行业是否适用刻字机，2分	回答不正确1个扣1分，扣完2分为止	
2. 技能 （63分）	安装材料，20分	未安装到托纸辊，扣5分； 未将材料通过压纸轮安装到刻绘平台，扣5分； 未使用压纸轮固定材料，扣5分； 压纸轮未定在标定位置，扣5分	
	压力、速度、原点调整，15分	压力过大或过小，扣5分； 速度过大或过小，扣5分； 原点位置不合适，扣5分	
	文字设计，3分	文字不对，扣1分； 字体不对，扣1分； 字号不对，扣1分	
	文字刻绘输出，5分	未能正确刻绘输出，扣5分	
	转移粘贴文字，20分	未能正确地将刻好的内容从材料上剪切下来，扣2分； 多余部分撕除不干净或文字笔画不完整，扣5分； 文字转移到转移贴不完好，扣5分； 文字粘贴有瑕疵，扣8分	

续 表

检查项目	检查内容	评分标准	评分
3. 职业素养（30分）	劳动纪律，10分	遵守纪律，尊重教师，爱惜实训设备和器材，违反上述情况1次酌情扣1～2分；若有特别严重的违纪行为，则本次考核不合格，并按照相关制度进行处理	
	操作规范，10分	设备使用不合理，卫生没有清扫，每处酌情扣1～2分	
	安全意识，10分	危险用电等根据现场情况扣1～3分；损坏设施设备，本次考核不及格，并按照相关制度进行处理	

任务改进 〉〉〉

按照检查中存在的问题进行改进，在表3－1－7中记录改进要点，并由项目负责人签字。

表3－1－7　　　　　　　　　　改进提交工作单

改进要点记录	
负责人（签字）	

任务2　装饰图案的制作及安装

任务目标 〉〉〉

1. 知识目标

（1）能够识别刻字机所使用的材料种类；

（2）能指出刻字机的结构部件名称；

（3）能指出刻字机的适用行业。

2. 能力目标

（1）能正确安装刻字材料；

（2）能合理调整刻刀压力、小车速度；

（3）能正确设定工作原点；

（4）能在文泰软件中导入所需图案；

（5）能正确刻绘图案；

（6）能撕除多余部分，完好保留所需图案；

（7）能完好地将图案转移到转移贴；

（8）能完好地将图案从转移贴转移、粘贴到指定位置。

3. 素质目标

（1）认同职业道德教育；

（2）有团队合作精神，能进行正常的讨论交流；

（3）了解并执行 7S 管理标准。

思政要点 〉〉〉

（1）由各操作引申出精益求精的工匠精神；

（2）由减少耗材的使用引申出节约、环保理念。

任务描述 〉〉〉

本任务以广告行业最常见的装饰图案制作及安装为例进行介绍，使用刻字机刻绘图案并将其安装到灯箱面板上。

一、具体任务

分析任务要求，得出任务清单，见表 3 - 2 - 1。

表 3 - 2 - 1　　　　　　　　　　　　　　任务清单

任务内容	任务要求	验收方式
识别刻字机所使用的材料种类	根据材料特点判断种类	作业填报
指出刻字机的结构部件名称	指出刻字机的结构部件名称	
指出刻字机的适用行业	判断所给定行业是否适用刻字机	

任务内容	任务要求	验收方式
安装刻字材料	1. 将材料安装到托纸辊； 2. 将材料通过压纸轮安装到刻绘平台； 3. 使用压纸轮固定材料	拍照填报
调整刻刀压力、小车速度	1. 根据材料质地调整刻刀压力； 2. 根据内容复杂程度调整小车速度	拍照填报
设定工作原点	根据材料使用情况，以节约的理念设定、调整工作原点	拍照填报
在文泰软件中导入所需图案	在软件中导入图案，尺寸：200mm×200mm	拍照填报
刻绘输出	将所设计的图案刻绘输出	拍照填报
撕除多余部分，保留所需图案	1. 将刻绘输出的图案从材料上剪切下来； 2. 撕除多余部分，完好保留所需图案	成果展示及拍照填报
将图案转移到转移贴	完好地将图案从材料上转移到转移贴	成果展示及拍照填报
图案粘贴到指定位置	图案从转移贴转移、粘贴到指定位置，图案无气泡，边缘无破损，无其他瑕疵	成果展示提交

二、任务环境

（1）计算机（安装文泰软件）1 台/组；

（2）刻字机 1 台/组；

（3）PVC 不干胶 1 卷/组；

（4）转移贴 1 卷/组（共用）；

（5）亚克力灯箱面板 1 块/组；

（6）刮板、剪刀、美工刀各 1 把/组。

任务实施 〉〉〉

一、任务分组

将全班 40 名学生分为 8 个工作小组，各小组分别安排 1 名指导教师（师傅）和 1 名组长，组长统筹安排组员的工作任务，正确填写学生任务分配表（表 3-2-2）。

表 3 - 2 - 2 学生任务分配表

班级		组号		指导教师	
组长		学号		指导师傅	
组员	姓名	学号	姓名	学号	
任务分工					

二、任务准备

学生通过查阅教材、上网搜索、听课、讨论等获取表 3 - 2 - 3 中的答案或案例，并进行自我评价，确保任务顺利实施。

表 3 - 2 - 3 相关知识和技能信息确认单

相关知识和技能点	答案/案例	自我评价
根据材料特点判断种类		
指出刻字机的结构部件名称		
判断所给定行业是否适用刻字机		
1. 将材料安装到托纸辊； 2. 将材料通过压纸轮安装到刻绘平台； 3. 使用压纸轮固定材料		
1. 根据材料质地调整刻刀压力； 2. 根据内容复杂程度调整小车速度		
根据材料使用情况，以节约的理念设定、调整工作原点		
在软件中导入图案，尺寸：$200mm \times 200mm$		

相关知识和技能点	答案/案例	自我评价
将所设计的图案刻绘输出		
1. 将刻绘输出的图案从材料上剪切下来； 2. 撕除多余部分，完好保留所需图案		
完好地将图案从材料上转移到转移贴		
图案从转移贴转移、粘贴到指定位置，图案无气泡，边缘无破损，无其他瑕疵		

三、任务计划

（一）制订计划

思考任务方案，制订工作计划，在表 3 – 2 – 4 中用适当的方式展示计划。

表 3 – 2 – 4　　　　　　　　　计划制订工作单（成员使用）

1. 解决方案
建议使用图案或拍照描述方式。

2. 任务涉及设备信息、使用材料列表

需要的设备	
需要的材料	

（二）确定计划

小组检查、讨论后确定计划，并在表 3 – 2 – 5 中用适当的方式展示出来。

表 3 - 2 - 5　　　　　　　计划决策工作单（小组决策使用）

1. 小组讨论决策
负责人：＿＿＿＿＿＿，讨论发言人：＿＿＿＿＿＿＿＿＿＿＿。
决策结论及方案变更：

2. 小组互评决策

优点	缺点	综合评价（A、B、C、D、E）	签名

3. 人员分工与进度安排

内容	人员	时间安排	备注
识别材料种类、指出部件名称及适用行业			
安装材料、调整刻刀压力和小车速度、设定工作原点			
在文泰软件中导入所需图案、刻绘输出			
撕除多余部分、保留图案、转移图案、粘贴图案			

四、任务执行

（一）刻绘图案

（1）双击文泰刻绘软件，在弹出的对话框上单击"OK"按钮。

（2）在打开的对话框中，输入所需宽、高数值，确定数值后，单击"创建新文件"按钮。

（3）在打开的界面单击"文件"→"读入"（图 3 - 2 - 1）。

（4）在工作区读入图案。备注：该图案为矢量图，由制图软件制作而成，保存格式为 . eps 或 . plt。

（5）右键单击图案，再单击快捷菜单中的"修改图形参数"（图 3 - 2 - 2）。

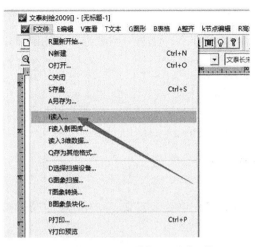

图3－2－1　"文件"→"读入"

图3－2－2　修改图形参数

（6）打开"手动设置图形参数"对话框，将宽、高分别设置为200mm，单击右侧的"修改"按钮（图3－2－3），修改好图形尺寸。

（7）单击上方工具栏中的"刻绘输出"按钮（图3－2－4）。

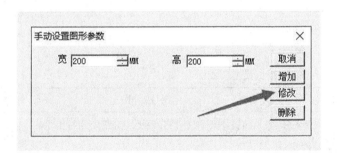

图3－2－3　单击"修改"按钮

图3－2－4　单击
"刻绘输出"按钮

（8）在弹出的对话框中单击"是"按钮，弹出"刻绘输出"对话框。

（9）利用"给所有文字加框""给每个文字加框"按钮，抠取内容。

（10）单击"刻绘输出"按钮。

（11）单击"开始"按钮，进行刻绘。

（二）抠取图案

（1）将刻好的内容从不干胶上整体裁下。

（2）将除图案外的不干胶从纸基上撕下，注意，图案不相连的地方不能被撕掉，可以用手指或美工刀按压操作。

（3）剪取比内容稍大的转移贴。

（4）将转移贴从纸基上撕下，为降低黏度，可在毛巾或在空工作台上重复粘贴三四次。

（5）将转移贴覆盖到不干胶图案上。

（6）撕取转移贴及图案，使其从不干胶纸基上分离，注意，不要漏下不相连的图案部分。

（三）粘贴图案

（1）将需要粘贴的位置清洁干净。

（2）如内容较多，可在需要粘贴的位置喷洒少许加有洗洁精的水。

（3）将粘贴有图案的转移贴小心、仔细地贴到相应位置。

（4）用刮板反复刮粘贴有图案的部位2~3次。

（5）将转移贴揭下来，注意，不相连的图案部分不要带起来，可用手指或美工刀按压操作。

（6）转移贴全部揭下来后，检查图案，查看是否有小气泡或卷边的情况，若有，可用美工刀或针刺破小气泡，压平卷边位置，再用刮板刮平。如此，各流程则全部完成。

任务评价 〉〉〉

按照知识、技能和职业素养进行检查，在表3-2-6中评分。评分采用扣分制，每项扣完为止。

表3-2-6 检查记录工作单

检查项目	检查内容	评分标准	评分
1. 知识（7分）	根据材料特点判断种类，2分	回答不正确1个扣1分，扣完2分为止	
	指出刻字机的结构部件名称，3分	回答不正确1个扣1分，扣完3分为止	
	判断所给定行业是否适用刻字机，2分	回答不正确1个扣1分，扣完2分为止	
2. 技能（63分）	安装材料，20分	未安装到托纸辊，扣5分；未将材料通过压纸轮安装到刻绘平台，扣5分；未使用压纸轮固定材料，扣5分；压纸轮未定在标定位置，扣5分	
	压力、速度、原点调整，15分	压力过大或过小，扣5分；速度过大或过小，扣5分；原点位置不合适，扣5分	
	图案导入，3分	图案导入不对，扣1分；图案尺寸不对，扣2分	
	图案刻绘输出，5分	未能正确刻绘输出，扣5分	

续　表

检查项目	检查内容	评分标准	评分
2. 技能 （63 分）	转移粘贴图案，20 分	未能正确地将刻好的内容从材料上剪切下来，扣 2 分； 多余部分撕除不干净或图案不完整，扣 5 分； 图案转移到转移贴不完好，扣 5 分； 图案粘贴有瑕玼，扣 8 分	
3. 职业素养 （30 分）	劳动纪律，10 分	遵守纪律，尊重教师，爱惜实训设备和器材，违反上述情况 1 次酌情扣 1 ~ 2 分； 若有特别严重的违纪行为，则本次考核不合格，并按照相关制度进行处理	
	操作规范，10 分	设备使用不合理，卫生没有清扫，每处酌情扣 1 ~ 2 分	
	安全意识，10 分	危险用电等根据现场情况扣 1 ~ 3 分； 损坏设施设备，本次考核不及格，并按照相关制度进行处理	

任务改进 〉〉〉

　　按照检查中存在的问题进行改进，在表 3 - 2 - 7 中记录改进要点，并由项目负责人签字。

表 3 - 2 - 7　　　　　　　　　　改进提交工作单

改进要点记录	
负责人（签字）	

项目四

04

条幅机的使用

条幅机是广告行业经常使用的设备，就是用来制作条幅的设备。条幅机有四种：热转印条幅机、全自动条幅机、激光条幅机、双色条幅机。现在比较流行的条幅机是激光色带条幅机和激光色块条幅机。本项目以激光色带条幅机为例进行介绍。

本项目任务为欢迎标语的制作及安装。

任务1　欢迎标语的制作及安装

任务目标 〉〉〉

1. 知识目标

（1）能列出激光色带条幅机的特点；

（2）能识别条幅机所使用的材料种类；

（3）能指出条幅机的结构部件名称。

2. 能力目标

（1）能正确安装材料；

（2）能正确设置文件尺寸；

（3）能在文泰软件中设计所需文字；

（4）能在文泰软件中导入图案；

（5）能正确测试及打印；

（6）能完好安装条幅。

3. 素质目标

（1）认同职业道德教育；

（2）有团队合作精神，能进行正常的讨论交流；

（3）了解并执行7S管理标准。

思政要点 〉〉〉

（1）由各操作引申出精益求精的工匠精神；

（2）由减少耗材的使用引申出节约、环保理念。

任务描述 〉〉〉

本任务以广告行业最常见的欢迎标语制作及安装为例进行介绍，使用激光色带条幅机制作欢迎标语并将其安装到相应位置。

一、具体任务

分析任务要求，得出任务清单，见表4-1-1。

表 4 – 1 – 1　　　　　　　　　　　　　　　任务清单

任务内容	任务要求	验收方式
列出激光色带条幅机的特点	列出激光色带条幅机的特点	作业填报
识别条幅机所使用的材料种类	判断所给材料是否适用条幅机	
指出条幅机的结构部件名称	指出条幅机的结构部件名称并写出作用	
安装材料	1. 将条幅布及色带安装到托辊； 2. 将两种材料穿过激光管及胶辊等； 3. 将两种材料分别绕在托辊上	拍照填报
设置文件尺寸	1. 宽度：6000mm； 2. 高度：768mm	截屏填报
在文泰软件中设计所需文字	在软件中设计文字，字体：方正大黑简体，字号：560 点	
在文泰软件中导入所需图案	1. 导入图案； 2. 转换图案； 3. 调整图案尺寸	
保存文件	1. 正确设置打印参数； 2. 文件扩展名正确； 3. 设备存储器正确	
正确测试及打印	1. 正确测试； 2. 正确读取文件； 3. 正确设置打印参数； 4. 正确打印	成果展示及拍照填报
安装条幅	1. 折叠、缝纫两端； 2. 用木条或竹竿穿过两端； 3. 拴挂条幅	成果展示提交

二、任务环境

（1）计算机（安装文泰软件）1 台/组；

（2）条幅机 1 台/组（共用）；

（3）条幅布 1 卷/组（共用）；

（4）色带 1 卷/组（共用）；

（5）U 盘、订书机 1 个/组；

（6）短木条或竹竿 2 根/组；

（7）绳子适量/组。

知识链接

一、激光色带条幅机的技术特点

（1）超高速打印：每小时可打印条幅 90m ~ 180m。

（2）超低的成本：以 70cm 宽的条幅计算，每米成本约 1.5 元。

（3）人性化操作：操作简单，方便快捷，可真正意义上实现单人操作多台机器。

（4）打印介质多样化：除可以在非涂层条幅布上打印外，还可以在不干胶、卡纸、薄膜等其他介质上打印。

（5）高质量的打印效果：打印效果好并可以打印渐变色图案，打印图案清晰。

（6）色带节约功能：在打印条幅的过程中，有字机头自动落下，色带走动，无字机头自动抬起，色带停止走动。这样可节省色带 30% ~ 50%。

（7）先进的张力调节装置：打印过程无须担心材料两边因张力不匀而出现"折痕"。该装置可自动调节张力，使打印更为轻松。

（8）方便快捷的附加功能：程序会自动记录打印头的使用寿命；开启式水箱门，加水、换水更为快捷。

（9）人性化的防尘装置：将异物、灰尘等对打印头和胶辊造成的伤害降到最低。

（10）打印机支持多种市场上的流行软件，如 Photoshop、CorelDRAW、文泰刻绘软件等。

二、打印材料

1. 条幅布

条幅布是应用最广泛且需求量最大的布类耗材之一，主要用于户内外条幅、旗帜、幔帘等，通常又叫作"广告布"，其以合成纤维为基材，材质柔软，适于悬挂。

广告布可细分为激光色带条幅布、手工丝印条幅布、全自动机印布、热转印条幅布四大系列，有红、蓝、绿、粉、黄等多种颜色。

2. 激光条幅机色带

激光条幅机色带是热转印类色带的一种，主要用于打印广告条幅等，简称条幅色带。使用时，将其安装在条幅热转印机器上，在计算机上把所要制作的文字、字体、图案设计好，将它们输出到条幅热转印机器上。

条幅色带具有打印字形清晰，操作简单明了，成本低廉等特点，它大大缩短了广告条幅的制作时间。

三、条幅机的结构

条幅机的结构见图 4 - 1 - 1。

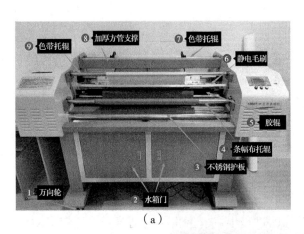

（a）   （b）

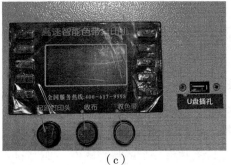

（c）

图4－1－1　条幅机的结构

任务实施 〉〉〉

一、任务分组

将全班40名学生分为8个工作小组，各小组分别安排1名指导教师（师傅）和1名组长，组长统筹安排组员的工作任务，正确填写学生任务分配表（表4－1－2）。

表4－1－2　　　　　　　　　　　学生任务分配表

班级		组号		指导教师	
组长		学号		指导师傅	
组员	姓名	学号		姓名	学号
任务分工					

二、任务准备

学生通过查阅教材、上网搜索、听课、讨论等获取表 4 - 1 - 3 中的答案或案例，并进行自我评价，确保任务顺利实施。

表 4 - 1 - 3　　　　　　相关知识和技能信息确认单

相关知识和技能点	答案/案例	自我评价
列出激光色带条幅机的特点		
判断所给材料是否适用条幅机		
指出条幅机的结构部件名称并写出作用		
安装材料		
设置文件尺寸		
在软件中设计文字，字体：方正大黑简体，字号：560 点		
导入图案		
转换图案		
调整图案尺寸		
正确设置打印参数		
文件扩展名正确		
设备存储器正确		
正确测试		
正确读取文件		
正确打印		
安装条幅		

三、任务计划

（一）制订计划

思考任务方案，制订工作计划，在表4-1-4中用适当的方式展示计划。

表4-1-4　　　　　　　　计划制订工作单（成员使用）

1. 解决方案 建议使用图案或拍照描述方式。	
2. 任务涉及设备信息、使用材料列表	
需要的设备	
需要的材料	

（二）确定计划

小组检查、讨论后确定计划，并在表4-1-5中用适当的方式展示出来。

表4-1-5　　　　　　　　计划决策工作单（小组决策使用）

1. 小组讨论决策

负责人：＿＿＿＿＿＿，讨论发言人：＿＿＿＿＿＿＿＿＿＿＿。

决策结论及方案变更：

2. 小组互评决策

优点	缺点	综合评价（A、B、C、D、E）	签名

续　表

3. 人员分工与进度安排			
内容	人员	时间安排	备注
识别材料种类、指出部件名称及适用行业			
安装材料、设置文件尺寸等			
在文泰软件中设计所需文字、导入所需图案并保存文件			
正确测试及打印、安装条幅			

四、任务执行

（一）材料安装

（1）将条幅布及色带托辊取下，然后将条幅布及色带分别置于托辊中间，两端用齿轮固定，架于托架上，见图 4 - 1 - 2（a）至图 4 - 1 - 2（c）。

（2）将条幅布等从后下方支撑杆及激光管下、胶辊上穿过，见图 4 - 1 - 2（d）。

（3）将色带绕在色带托辊上，见图 4 - 1 - 2（e）。

（4）将条幅布绕在条幅托辊上，见图 4 - 1 - 2（f）。

（二）文字设计

（1）双击文泰刻绘软件，打开"关于文泰刻绘 2009"提示框，单击"OK"按钮。

（2）输入所需宽、高数值，宽度设置为 6000mm，高度设置为条幅布的高度 768mm，确定数值后，单击"创建新文件"按钮。

（3）进入界面，单击选择右侧工具栏中的"文字"按钮。

（4）在工作区输入"河南奥德利数码科技有限公司"13 个字，在上方工具栏中设置字体为方正大黑简体。

（5）选择"高级功能"→"数字定位"，打开"用数值定位"对话框，设置宽（4800mm）、高（560mm）（图 4 - 1 - 3）。

（6）选择"文件"→"读入"，导入图案（图 4 - 1 - 4）。

（7）调整图像大小（图 4 - 1 - 5）。

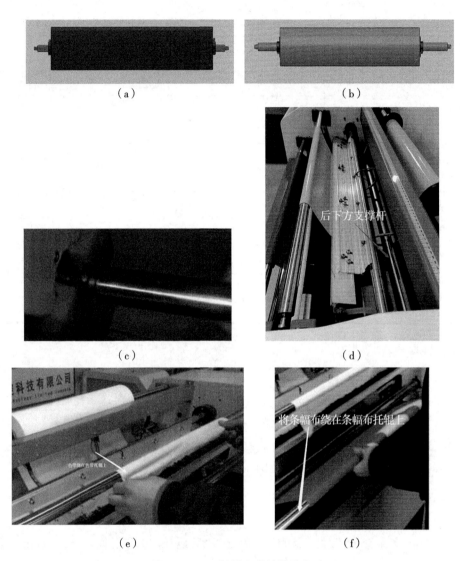

图 4 - 1 - 2 材料安装关键流程

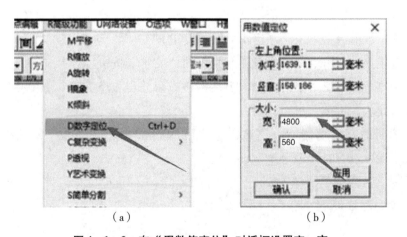

图 4 - 1 - 3 在"用数值定位"对话框设置宽、高

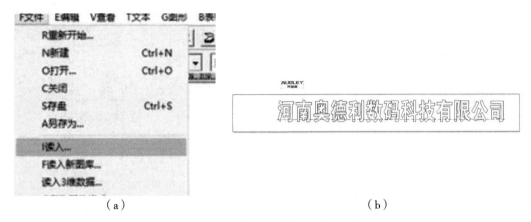

（a）　　　　　　　　　　　　　　　　　（b）

图 4-1-4　导入图案

图 4-1-5　调整图像大小

（8）选择"文件"→"图像"→"图像转换"，转换图案（图 4-1-6）。

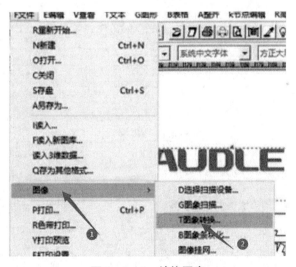

图 4-1-6　转换图案

（9）单击"下一步"，直到"完成"（图 4-1-7）。

（10）图像转换后，会生成多个图案，箭头所指为正确图案，将多余的图案删除（图 4-1-8）。

（11）调整图案颜色为黑色（图 4-1-9）。

（12）调整好位置（图 4-1-10）。

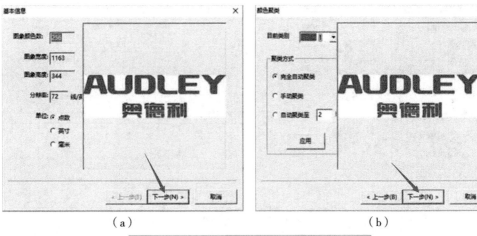

（a）　　　　　　　　　　　　　（b）

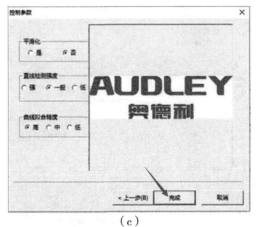

（c）

图 4 - 1 - 7　单击"下一步"直至"完成"

图 4 - 1 - 8　箭头所指为正确图案

图 4 - 1 - 9　调整图案颜色为黑色

图 4 - 1 - 10　调整好位置

（13）单击工具栏中的"使用色带打印"（图 4 - 1 - 11），弹出"色带打印"对话框。

（14）在"色带打印"对话框中将文件扩展名设置为".bat"，将设备存储器设置为"U 盘"等（图 4 - 1 - 12）。

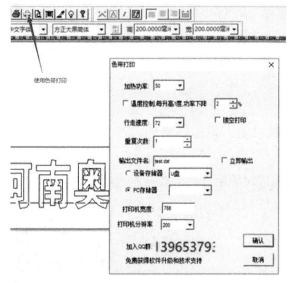

图 4-1-11　使用色带打印

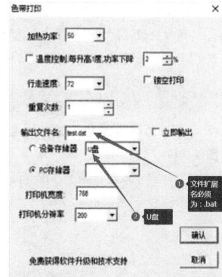

图 4-1-12　信息设置

①加热功率：根据环境温度和打印材质等调整。

②温控比例：保持默认，最好不要大于 2%。

③行走速度：数值越小打印速度越快，但是打印速度过快会出现数据丢失现象，该值一般不小于 5。

④重复次数：设置同样内容的版面打印次数，不得小于 1。

⑤镂空打印：保持默认设置。

⑥输出文件名：文件扩展名必须为".bat"。

⑦设备存储器：U 盘。

（三）设备测试及打印

（1）设备接电。

（2）水箱加水、通电，检查出水状况，保持出水口出水。

（3）压下面板中的"起落打印头""收布""收色带"3 个按钮，保证色带和条幅布不出现褶皱。

（4）按下"测试"按钮，观察打印效果。

（5）若效果正常，则插入保存文件的 U 盘。

（6）设备读取文件后，选择本次需要打印的文件，按"确认"键。

（7）设置如下内容。

①加热功率：调整加热时间，一般为 15~30，数值越大加热时间越长，但是数值过大会烧坏色带和条幅布，甚至烧坏打印头。加热功率与环境温度和打印材质等有关。

②温控比例：默认为 1% 或 2%，不能随意更改。

③行走速度：数据传输速度，一般不能小于5。

④重复次数：同一个文件打印的次数，不得小于1。

以上参数设置完成后，按下"确认"键，设备即可正常打印。

（四）条幅的安装

（1）将打印好的条幅从设备上取下。

（2）将两端折叠好、缝好，取两根粗细、长短合适的木条或竹竿穿过两端（图4-1-13）。

（3）将绳子系在竹竿上，拉到两边能固定的地方并将其拴住（图4-1-14），如此，整个流程全部完成。

图4-1-13　用木条或竹竿穿过两端

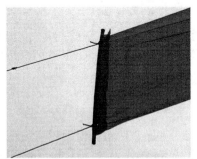

图4-1-14　将两端固定好

任务评价 〉〉〉

按照知识、技能和职业素养进行检查，在表4-1-6中评分。评分采用扣分制，每项扣完为止。

表4-1-6　　　　　　　　　　　　检查记录工作单

检查项目	检查内容	评分标准	评分
1. 知识 （7分）	列出激光色带条幅机的特点，2分	回答不正确1个扣1分，扣完2分为止	
	判断所给材料是否适用条幅机，2分		
	指出条幅机的结构部件名称并写出作用，3分	回答不正确1个扣1分，扣完3分为止	
2. 技能 （63分）	安装材料，20分	未将条幅布及色带安装到托辊，扣20分； 未将两种材料穿过激光管及胶辊等，扣15分； 未将材料分别绕到对应托辊上，分别扣5分	

续　表

检查项目	检查内容	评分标准	评分
2. 技能 （63 分）	设置文件尺寸，2 分	宽度不对，扣 1 分； 高度不对，扣 1 分	
	文字设计，3 分	文字不对，扣 1 分； 字体不对，扣 1 分； 字号不对，扣 1 分	
	导入所需图案，3 分	未能正确导入所需图案，扣 3 分； 未能转换图案，扣 2 分； 未能调整图案尺寸，扣 1 分	
	保存文件，10 分	未能正确设置打印参数，扣 2 分； 文件扩展名不正确，扣 3 分； 设备存储器不正确，扣 5 分	
	测试及打印，15 分	未能正确测试，扣 3 分； 不能读取文件，扣 5 分； 未能正确设置打印参数，扣 2 分； 不能正确打印，扣 5 分	
	安装条幅，10 分	条幅布两端折叠、缝纫不规整，扣 3 分； 未用木条或竹竿穿过两端，扣 2 分； 条幅拴挂不平整，扣 5 分	
3. 职业素养 （30 分）	劳动纪律，10 分	遵守纪律，尊重教师，爱惜实训设备和器材，违反上述情况 1 次酌情扣 1～2 分； 若有特别严重的违纪行为，则本次考核不合格，并按照相关制度进行处理	
	操作规范，10 分	设备使用不合理，卫生没有清扫，每处酌情扣 1～2 分	
	安全意识，10 分	危险用电等根据现场情况扣 1～3 分； 损坏设施设备，本次考核不及格，并按照相关制度进行处理	

任务改进 〉〉〉

按照检查中存在的问题进行改进，在表 4 - 1 - 7 中记录改进要点，并由项目负责人签字。

表 4 - 1 - 7　　　　　　　　　　改进提交工作单

改进要点记录	
负责人（签字）	

写真机的使用

写真机是广告行业最常使用的图文设备，也是制作写真广告的基本设备。本项目介绍该设备的使用。

　　本项目任务为小尺寸海报的制作及安装、大尺寸海报的制作及安装。

任务1　小尺寸海报的制作及安装

任务目标 〉〉〉

1. 知识目标
(1) 能够识别写真机的种类;
(2) 能回答写真机的基本术语概念。

2. 能力目标
(1) 能正确安放写真纸;
(2) 能正确完成打印;
(3) 能正确完成写真覆膜。

3. 素质目标
(1) 在团队沟通中能清晰表达自己的意见,并能与他人达成一致;
(2) 语言表达流畅,声音洪亮;
(3) 了解并执行7S管理标准。

思政要点 〉〉〉

(1) 由纸张的安放引申出精益求精的工匠精神;
(2) 由减少纸张的使用引申出节约、环保理念。

任务描述 〉〉〉

本任务以使用压电写真机打印为例进行介绍,具体要求有两点:一是正确安放写真纸,二是正确进行小尺寸海报打印。

一、具体任务

分析任务要求,得出任务清单,见表5-1-1。

二、任务环境

(1) 计算机1台/组;
(2) 写真机1台;

表 5 -1 -1   任务清单

任务内容	任务要求	验收方式
识别写真机种类	根据工作原理判断写真机种类	作业填报
写真机的基本术语概念	写出写真机的基本术语概念	
安放写真纸	将写真纸安放到打印输入口	成果展示并拍照填报
打印小尺寸海报	1. 使用蒙泰软件进行印前排版； 2. 完成海报打印并覆膜	成果展示

（3）写真纸 1 卷；

（4）电子版海报（. tif 格式）。

知识链接

一、写真机种类

写真机按喷头技术主要分为两类：压电写真机和热发泡写真机。

1. 压电写真机

优点是精度高，可达到 1440dpi 以上，喷头寿命长，差不多在一年以上；一般用的喷头是爱普生第 2 代、第 3 代、第 4 代、第 5 代等。

2. 热发泡写真机

当前主流的热发泡写真机有四色和六色两种不同精度。四色写真机的缺点是喷头寿命短，大概只有 $200 \sim 300 \mathrm{m}^2$；精度低，只有 600dpi。优点是生产成本低，机器普及率高。六色写真机弥补了四色写真机精度低的缺点，六色写真机的精度为 1200dpi，速度高达 $21 \mathrm{m}^2 / \mathrm{h}$。

在国内设备厂家的技术创新下，压电写真机已国产化，克服了色彩偏灰、机器采购成本高的缺点，并能使用多种墨水，被广泛应用在多个行业，是机器普及率高、综合使用成本很低的写真机设备，未来或许其将全面取代热发泡写真机。

二、写真机术语

1. 喷头

写真机的喷头分为热发泡式喷头和压电式喷头两种。热发泡式喷头是加热喷嘴使水墨产生气泡，并将其喷到打印介质上，这样喷头在使用过程中会产生损耗。压电式喷头将许多小的压电陶瓷放置到喷墨打印机的打印头喷嘴附近，利用它在电压作用下会发生形变的原理，适时地把电压加到它的上面，压电陶瓷随之伸缩使喷嘴中的墨汁喷出，在输出介质表面形成图案。

2. 幅宽

市场上绝大部分写真机的有效幅宽集中在 130cm、152cm、160cm、180cm 等，以

160cm 的机器最为常见。幅宽又分为进纸宽度（又称材质宽度）和实喷宽度（又称工作宽度），前者往往要大 2.54cm 以上。

3. 精度（分辨率）

精度都是由喷头决定的，写真机的精度一般为 720dpi，因此需要印刷的图像要保持在 720dpi 以下，如果图像过大，不仅无法印出相应的效果，还会损耗喷头。

4. 打印速度

打印速度涉及的主要参数为 pass，即画面成型需要打印的次数，pass 数值越大，打印质量越好，但是打印的速度也会越慢。

5. 色彩模式

色彩模式是数字世界中表示颜色的一种算法。在数字世界中，为了表示各种颜色，人们通常将颜色划分为若干分量。成色原理的不同，决定了显示器、投影仪、扫描仪这类靠色光直接合成颜色的颜色设备（RGB 模式）和打印机、印刷机这类靠使用颜料生成颜色（CMYK 模式）的设备的不同。

任务实施 〉〉〉

一、任务分组

将全班 40 名学生分为 8 个工作小组，各小组分别安排 1 名指导教师（师傅）和 1 名组长，组长统筹安排组员的工作任务，正确填写学生任务分配表（表 5 - 1 - 2）。

表 5 - 1 - 2　　　　　　　　　　　学生任务分配表

班级		组号		指导教师	
组长		学号		指导师傅	
组员	姓名	学号		姓名	学号
任务分工					

二、任务准备

学生通过查阅教材、上网搜索、听课、讨论等获取表 5 - 1 - 3 中的答案或案例，并进行自我评价，确保任务顺利实施。

表 5 – 1 – 3　　　　　　　　　相关知识和技能信息确认单

相关知识和技能点	答案/案例	自我评价
根据工作原理判断写真机种类：压电写真机和热发泡写真机		
写出写真机的基本术语概念 1. 喷头； 2. 幅宽； 3. 精度（分辨率）； 4. 打印速度； 5. 色彩模式		
将写真纸安放到打印输入口		
使用蒙泰软件进行印前排版		
完成海报打印并覆膜		

三、任务计划

（一）制订计划

思考任务方案，制订工作计划，在表 5 – 1 – 4 中用适当的方式展示计划。

表 5 – 1 – 4　　　　　　　　　计划制订工作单 （成员使用）

1. 解决方案 建议使用图案或拍照描述方式。	
2. 任务涉及设备信息、使用材料列表	
需要的设备	
需要的材料	

（二）确定计划

小组检查、讨论后确定计划，并在表 5 - 1 - 5 中用适当的方式展示出来。

表 5 - 1 - 5　　　　　　计划决策工作单（小组决策使用）

1. 小组讨论决策

负责人：_____，讨论发言人：_____。

决策结论及方案变更：

2. 小组互评决策

优点	缺点	综合评价（A、B、C、D、E）	签名

3. 人员分工与进度安排

内容	人员	时间安排	备注
根据工作原理判断写真机种类			
根据其他特点判断写真机种类			
写真机的基本术语概念			
安放写真纸			
印前排版			
海报打印并覆膜			

四、任务执行

（一）安放写真纸

（1）把压纸的拉闸往上抬，绕到机器背面装纸。

（2）背胶纸对准机器两边的圆筒后插进圆筒，再把背胶纸从后向上、向机器前方推进。

（3）回到机身前面，压下拉闸。

（4）调整纸张，将其夹住，防止纸张翘起，保护喷头（图 5 - 1 - 1）。

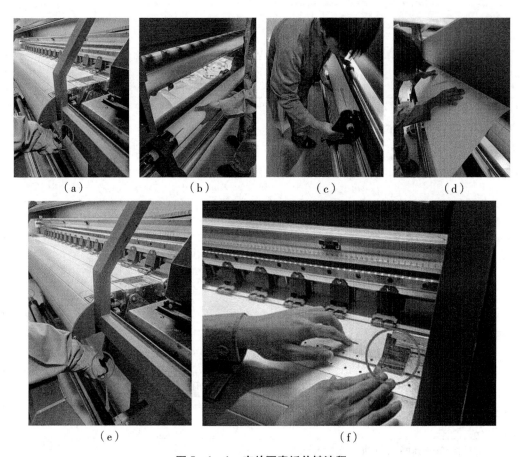

（a）　　　　　　　（b）　　　　　　　（c）　　　　　　　（d）

（e）　　　　　　　　　　　　　　　（f）

图 5 – 1 – 1　安放写真纸关键流程

（二）启动机器

（1）启动开关（图 5 – 1 – 2）。

（2）推开颜料开关（CMYK）（图 5 – 1 – 3）。

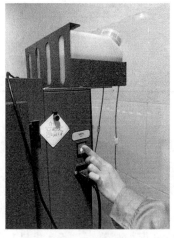

图 5 – 1 – 2　启动开关

图 5 – 1 – 3　推开颜料开关

（3）打开黑色阀门（图 5 - 1 - 4）。

（a）　　　　　　　　　　（b）

图 5 - 1 - 4　打开黑色阀门

（4）按"加热"按钮，即可开始操作（图 5 - 1 - 5）。

（三）印前排版

（1）双击蒙泰软件，打开蒙泰软件之后，选择"文件"→"建立新文件"，在弹出的对话框里进行相关设置：出版物类型为"一般出版物"；纸张类型为"自定义"；纸张大小设置中，第一项是宽度，根据所用材料的宽度来选择，第二项是长度，根据所要打印图片的总体长度来确定；还有上、下、左、右留空设置。全部设置好之后点"确定"即可（图 5 - 1 - 6）。

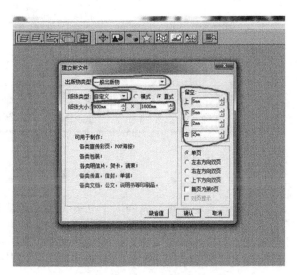

图 5 - 1 - 5　按"加热"按钮　　　图 5 - 1 - 6　进行相应设置

（2）工具栏中选择"载入图片"选项，弹出"载入图片设定"对话框，单击"确认"，选择素材图片"1-90×60.tif"（图5-1-7）。

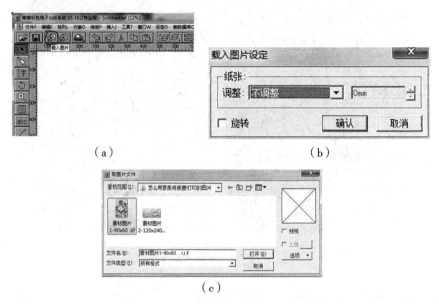

（a）　　　　　　　　　　　　　　　（b）

（c）

图5-1-7　载入图片设定

（3）靠齐与分布，定位面板（图5-1-8）。

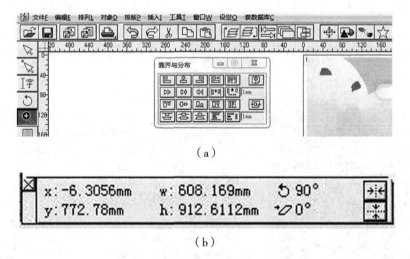

（a）

（b）

图5-1-8　靠齐与分布，定位面板

（4）横向向左靠齐，纵向向上靠齐，横向指定间距分布，将素材横向页内居中。

（5）打印并自动设置纸张（图5-1-9）。

（6）"打印到文件"→"保存"（图5-1-10）。

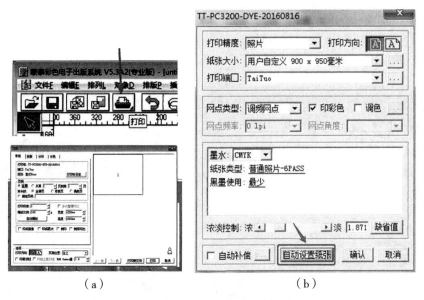

图 5-1-9 打印并自动设置纸张

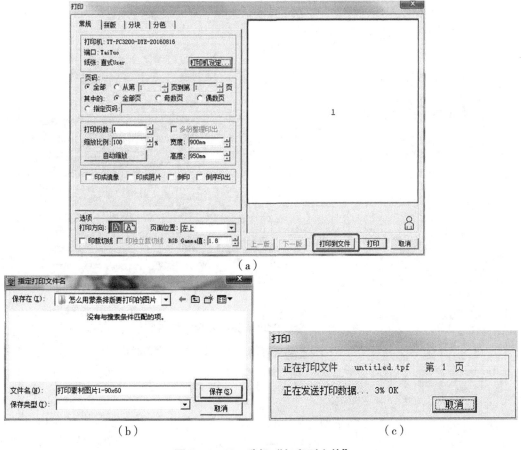

图 5-1-10 选择"打印到文件"

（四）打印成品

（1）打开 TitanPrint_Epson 软件。

（2）填充墨水（图 5 – 1 – 11）。

图 5 – 1 – 11　填充墨水

（3）清洗喷头（图 5 – 1 – 12）。

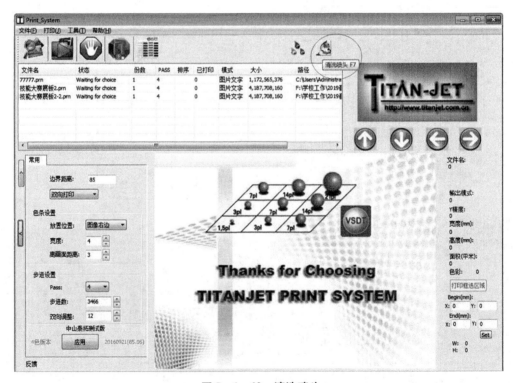

图 5 – 1 – 12　清洗喷头

（4）调整边界距离（图 5 – 1 – 13）。

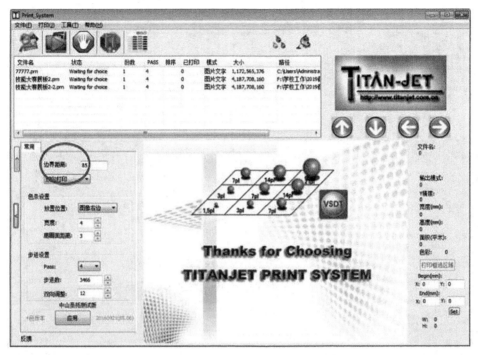

图 5 – 1 – 13 调整边界距离

（5）打印喷头状态（图 5 – 1 – 14）。

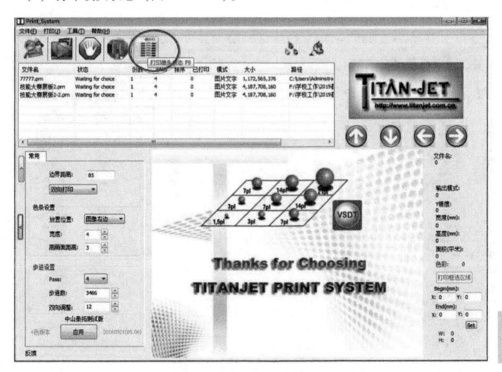

图 5 – 1 – 14 打印喷头状态

（6）导入文件（图 5 – 1 – 15）。

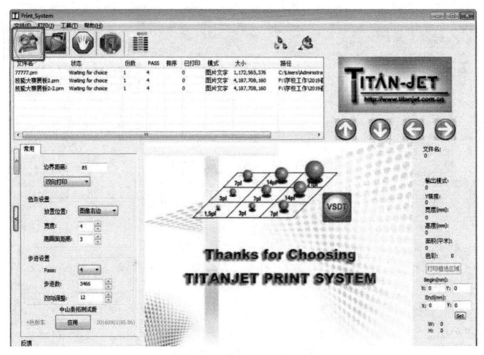

图 5 – 1 – 15　导入文件

（7）开始打印（图 5 – 1 – 16）。

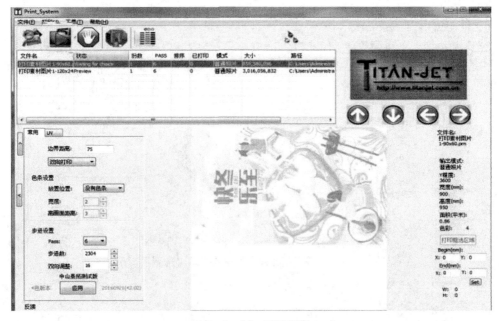

图 5 – 1 – 16　开始打印

（五）过膜与裁切

（1）将机器左右的铁片推离写真纸，用美工刀裁切写真纸（图5-1-17）。

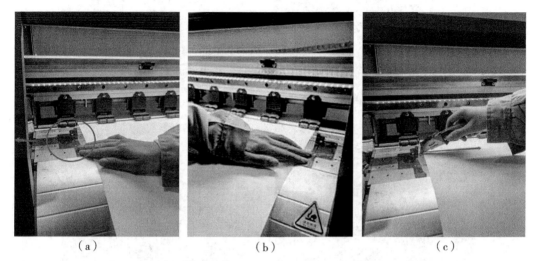

（a） （b） （c）

图5-1-17 将机器左右的铁片推离纸张，用美工刀裁切纸张

（2）将光膜铺满于背胶之上并进行裁切，注意，光面的光膜放在背胶上面（图5-1-18）。

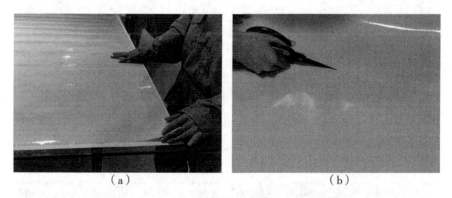

（a） （b）

图5-1-18 将光膜铺满于背胶之上并进行裁切

（3）覆膜机向左旋转表示向上扭动，向右旋转表示向下扭动。撕下光面的光膜的同时把膜贴在覆膜机的滚筒面上压平，然后滚动，进行KT板过膜（图5-1-19）。

（4）借助美工刀与尺子裁去多余的背胶（图5-1-20）。

（5）完成作品（图5-1-21）。

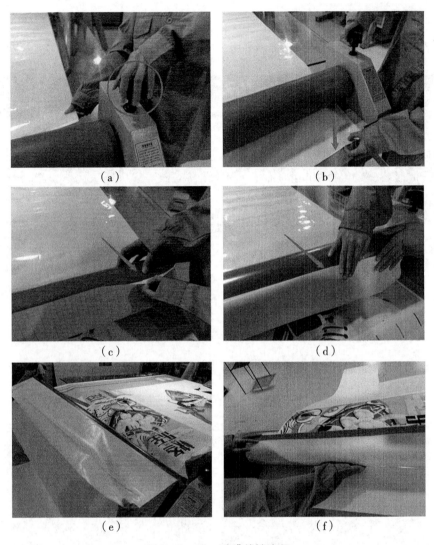

图 5 − 1 − 19 过膜关键流程

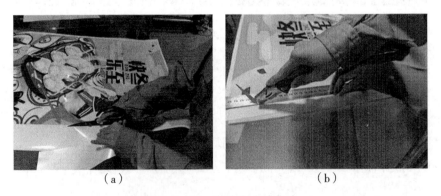

图 5 − 1 − 20 裁去多余的背胶

图 5 - 1 - 21　完成作品

任务评价 〉〉〉

按照知识、技能和职业素养进行检查，在表 5 - 1 - 6 中评分。评分采用扣分制，每项扣完为止。

表 5 - 1 - 6　　　　　　　　　检查记录工作单

检查项目	检查内容	评分标准	评分
1. 知识 （10 分）	根据工作原理判断写真机种类，5 分	回答不正确，扣 5 分	
	写出给定写真机的基本术语概念，5 分	回答不正确 1 个扣 1 分	
2. 技能 （60 分）	安放写真纸，20 分	安放纸轴不到位，扣 5 分； 没有调整纸张夹，扣 5 分； 没有打开颜料阀门，扣 5 分； 没有打开加热功能，扣 5 分	
	印前排版，20 分	没有调整纸张参数等，扣 5 分； 没有调整图像位置，扣 5 分； 没保存成 . tif 格式，扣 10 分	
	打印、覆膜，20 分	打印前没有加墨，扣 5 分； 打印前没有清洗喷头，扣 5 分； 打印后裁切失误，扣 5 分； 覆膜气泡过多，每 2 处扣 1 分，最多扣 5 分	

检查项目	检查内容	评分标准	评分
3. 职业素养 （30 分）	劳动纪律，10 分	遵守纪律，尊重教师，爱惜实训设备和器材，违反上述情况 1 次酌情扣 1 ~ 2 分；若有特别严重的违纪行为，则本次考核不合格，并按照相关制度进行处理	
	操作规范，10 分	设备使用不合理，卫生没有清扫，每处酌情扣 1 ~ 2 分	
	安全意识，10 分	危险用电等根据现场情况扣 1 ~ 3 分；损坏设施设备，本次考核不及格，并按照相关制度进行处理	

任务改进 〉〉〉

　　按照检查中存在的问题进行改进，在表 5 - 1 - 7 中记录改进要点，并由项目负责人签字。

表 5 - 1 - 7　　　　　　　　　　　改进提交工作单

改进要点记录	
负责人（签字）	

任务 2　大尺寸海报的制作及安装

任务目标 〉〉〉

　　1. 知识目标

　　（1）能够识别写真机的种类；

　　（2）能回答写真机的基本术语概念。

　　2. 能力目标

　　（1）能正确安放写真纸；

（2）能正确完成打印；

（3）能正确完成写真覆膜。

3. 素质目标

（1）在团队沟通中能清晰表达自己的意见，并能与他人达成一致；

（2）语言表达流畅，声音洪亮；

（3）了解并执行 7S 管理标准。

思政要点 〉〉〉

（1）由纸张的安放引申出精益求精的工匠精神；

（2）由减少纸张的使用引申出节约、环保理念。

任务描述 〉〉〉

本任务以使用压电写真机打印为例进行介绍，具体要求有两点：一是正确安放写真纸，二是正确进行大尺寸海报打印。

一、具体任务

分析任务要求，得出任务清单，见表 5 – 2 – 1。

表 5 – 2 – 1　　　　　　　　　　　　任务清单

任务内容	任务要求	验收方式
识别写真机种类	根据工作原理判断写真机种类	作业填报
写真机的基本术语概念	写出写真机的基本术语概念	
安放写真纸	将写真纸安放到打印输入口	成果展示并拍照填报
打印大尺寸海报	1. 使用蒙泰软件进行印前排版； 2. 完成海报打印并覆膜	成果展示

二、任务环境

（1）计算机 1 台/组；

（2）写真机 1 台；

（3）写真纸 1 卷；

（4）电子版海报（.tif 格式）。

任务实施 〉〉〉

一、任务分组

将全班 40 名学生分为 8 个工作小组，各小组分别安排 1 名指导教师（师傅）和 1 名组长，组长统筹安排组员的工作任务，正确填写学生任务分配表（表 5 – 2 – 2）。

表 5 – 2 – 2　　　　　　　　　　学生任务分配表

班级		组号		指导教师	
组长		学号		指导师傅	
组员	姓名	学号	姓名	学号	
任务分工					

二、任务准备

学生通过查阅教材、上网搜索、听课、讨论等获取表 5 – 2 – 3 中的答案或案例，并进行自我评价，确保任务顺利实施。

表 5 – 2 – 3　　　　　　　　相关知识和技能信息确认单

相关知识和技能点	答案/案例	自我评价
根据工作原理判断写真机种类：压电写真机和热发泡写真机		
写出写真机的基本术语概念 1. 喷头； 2. 幅宽； 3. 精度（分辨率）； 4. 打印速度； 5. 色彩模式		
将写真纸安放到打印输入口		
使用蒙泰软件进行印前排版		
完成海报打印并覆膜		

三、任务计划

（一）制订计划

思考任务方案，制订工作计划，在表5－2－4中用适当的方式展示计划。

表5－2－4　　　　　　　　计划制订工作单（成员使用）

1. 解决方案 建议使用图案或拍照描述方式。   2. 任务涉及设备信息、使用材料列表

需要的设备	
需要的材料	

（二）确定计划

小组检查、讨论后确定计划，并在表5－2－5中用适当的方式展示出来。

表5－2－5　　　　　　　　计划决策工作单（小组决策使用）

1. 小组讨论决策 负责人：_____，讨论发言人：_____。 决策结论及方案变更：   2. 小组互评决策

优点	缺点	综合评价（A、B、C、D、E）	签名

续 表

内容	人员	时间安排	备注
根据工作原理判断写真机种类			
根据其他特点判断写真机种类			
写真机的基本术语概念			
安放写真纸			
印前排版			
海报打印并覆膜			

3. 人员分工与进度安排

四、任务执行

任务执行各环节工作参照本项目任务1。

完成作品效果见图5-2-1。

图5-2-1 作品效果

任务评价 〉〉〉

按照知识、技能和职业素养进行检查，在表5-2-6中评分。评分采用扣分制，每项扣完为止。

表 5 - 2 - 6　　　　　　　　　　　检查记录工作单

检查项目	检查内容	评分标准	评分
1. 知识 (10 分)	根据工作原理判断写真机种类,5 分	回答不正确,扣 5 分	
	写出给定写真机的基本术语概念,5 分	回答不正确 1 个扣 1 分	
2. 技能 (60 分)	安放写真纸,20 分	安放纸轴不到位,扣 5 分; 没有调整纸张夹,扣 5 分; 没有打开颜料阀门,扣 5 分; 没有打开加热功能,扣 5 分	
	印前排版,20 分	没有调整纸张参数等,扣 5 分; 没有调整图像位置,扣 5 分; 没保存成 . tif 格式,扣 10 分	
	打印、覆膜,20 分	打印前没有加墨,扣 5 分; 打印前没有清洗喷头,扣 5 分; 打印后裁切失误,扣 5 分; 覆膜气泡过多,每 2 处扣 1 分,最多扣 5 分	
3. 职业素养 (30 分)	劳动纪律,10 分	遵守纪律,尊重教师,爱惜实训设备和器材,违反上述情况 1 次酌情扣 1~2 分; 若有特别严重的违纪行为,则本次考核不合格,并按照相关制度进行处理	
	操作规范,10 分	设备使用不合理,卫生没有清扫,每处酌情扣 1~2 分	
	安全意识,10 分	危险用电等根据现场情况扣 1~3 分; 损坏设施设备,本次考核不及格,并按照相关制度进行处理	

任务改进 〉〉〉

　　按照检查中存在的问题进行改进,在表 5 - 2 - 7 中记录改进要点,并由项目负责人签字。

表 5 - 2 - 7　　　　　　　　　　改进提交工作单

改进要点记录	
负责人（签字）	

项目六

06

激光雕刻机的使用

激光雕刻机，是利用激光对需要雕刻的材料进行雕刻的一种先进设备。激光雕刻机内的激光器是其核心。激光雕刻机大致可以分为非金属激光雕刻机和金属激光雕刻机。我们在这里主要学习的是非金属激光雕刻机。

本项目任务分为有机字的制作及安装、有机图案的制作及安装、个性化书签的制作、个性化竹简的制作。

任务1　有机字的制作及安装

任务目标 〉〉〉

1. 知识目标

（1）能够识别激光雕刻机的品牌及型号；

（2）能够识别亚克力板材和 PS 板材；

（3）能识别适用亚克力板材及其他板材的胶；

（4）能识别与激光雕刻机配套的软件。

2. 能力目标

（1）能用 CorelDRAW 软件设计、编排文稿；

（2）会根据计算机提供的数据测量使用的板材；

（3）会对文件格式进行转换并能在激光雕刻机配套软件中成功打开；

（4）能使用激光雕刻机雕刻板材；

（5）会对板材进行多层粘贴，完成作品安装。

3. 素质目标

（1）在团队沟通中能清晰表达自己的意见，并能与他人达成一致；

（2）语言表达流畅，声音洪亮；

（3）了解并执行 7S 管理标准。

思政要点 〉〉〉

（1）由粘贴亚克力板材的精细操作引申出工匠精神；

（2）由减少制作材料用量引申出节约及环保理念。

任务描述 〉〉〉

本任务以使用大山铭 DS – 1390 激光雕刻机制作及安装有机字为例进行介绍，具体要求有三点：一是编排设计稿，二是正确使用激光雕刻机雕刻板材，三是对雕刻好的板材进行粘贴、安装。

一、具体任务

分析任务要求，得出任务清单，见表 6 - 1 - 1。

表 6 - 1 - 1　　　　　　　　　　　　任务清单

任务内容	任务要求	验收方式
识别激光雕刻机的品牌及型号	1. 指出大山铭 DS - 1390 激光雕刻机的品牌及型号铭牌位置； 2. 判断其他激光雕刻机的品牌及型号	作业填报
识别亚克力板材及 PS 板材	1. 指出亚克力板材； 2. 指出 PS 板材	
识别亚克力胶及 AB 胶	1. 指出亚克力胶； 2. 指出 AB 胶	
编排设计稿	用计算机制图软件编排设计稿	成果展示
启动和调试激光雕刻机	1. 辨别激光雕刻机的启动键及关机键； 2. 调节激光头焦距； 3. 设置参数，定位切割	
安装成品	1. 对切割下来的板材进行打磨； 2. 用亚克力胶及 AB 胶进行粘贴	

二、任务环境

（1）计算机 1 台/组；

（2）大山铭 DS - 1390 激光雕刻机 1 台；

（3）亚克力板材、PS 板材 2 张/组；

（4）亚克力胶及 AB 胶各 1 瓶/组。

知识链接

一、激光雕刻机介绍

（一）含义

激光雕刻机，是利用激光对需要雕刻的材料进行雕刻的一种先进设备。激光雕刻机不同于机械雕刻机等。机械雕刻机是使用机械手段，如金刚石等硬度极高的材料来雕刻其他东西。激光雕刻机则是使用激光的热能对材料进行雕刻，激光雕刻机内的激光器是其核心。

一般来说，激光雕刻机的使用范围更加广泛，而且雕刻精度更高，雕刻速度也更快。而且相对于传统的手工雕刻方式，激光雕刻的雕刻效果也很细腻，丝毫不亚于手工雕刻的工艺水平。正是因为激光雕刻机有着如此多的优越性，所以现在激光雕刻机已经逐渐取代了传统的雕刻设备和方式。

激光雕刻机大致可以分为非金属激光雕刻机和金属激光雕刻机。本任务主要学习的是非金属激光雕刻机。

（二）特点

（1）切割边缘光滑、无波纹。

（2）机器运行稳定、无噪声。

（3）操作简单，可随意调整雕刻顺序、加工层次，可实现局部或全部一次性输出，激光功率、速度、焦距调整灵活。

（4）开放式软件接口，兼容 AutoCAD、CorelDRAW、Photoshop 等多种设计软件。

（三）作用

激光雕刻机可在竹木、水晶、牛角、纸板、有机玻璃、大理石、布料、皮革、橡胶、塑料等非金属材料上进行激光加工，可在服装、玩具、家饰布艺等行业用于裁切及表面雕花等。

二、使用材料介绍

（一）亚克力板

亚克力又称特殊处理的有机玻璃，系有机玻璃换代产品。用亚克力板制作的灯箱具有透光性能好、颜色纯正、色彩丰富、美观平整、兼顾白天夜晚两种效果、使用寿命长、不影响使用等特点。而且，亚克力板有极佳的耐候性，兼具良好的表面硬度与光泽度，可塑性强，可制成各种所需要的形状的产品。

（二）PS 板

PS 板俗称"有机板"，以聚苯乙烯为主要原料，透明度比较高（透光率仅次于有机玻璃），具有优良的电绝缘性，质较脆，抗冲击性、耐候性及耐老化性较有机玻璃差，机械加工性质及热加工性质不如有机玻璃，能耐一般的化学腐蚀，化学性质稳定，硬度与有机玻璃相似，吸水率及热膨胀系数小于有机玻璃，价格较有机玻璃低。

（三）亚克力胶

亚克力胶水是溶剂型亚克力胶水胶黏剂，分为折叠塑料胶水型和折叠无影胶水型 2 种，主要应用于塑胶玩具、塑胶工艺制品等的黏结，具有优异的接着性，初步黏结快速，用途广泛。

折叠塑料胶水型具有可室温固化、操作方便、黏结强度高、可快速定位、弹性大、固化物无毒等众多优点，专用于有机玻璃等的黏结。

折叠无影胶水型具有固化速度快、收缩率低、中低黏度、高强度、高透明、无溶剂、无气泡、无白化、无黄变、不雾化、耐水性好及密封性能优异的特性，适用于亚克力、金属等材料的自黏或互黏。

（四）AB 胶

AB 胶是两液混合硬化胶的别称，一液是本胶，另一液是硬化剂，两液相混才能硬化，它是常温硬化胶的一种，做模型时会用到。A 胶和 B 胶混合后，25℃环境下约 5 分钟即可干透，温度越高干透的时间越短，可以黏结塑料与塑料、塑料与金属、金属与金属。

AB 胶的使用方法：

（1）室温下（25℃），先将被粘物处理洁净，然后将 A 胶和 B 胶以目测 1∶1 的比例重叠涂布，或在一个被粘件上涂 A 胶，另一个被粘件上涂 B 胶，然后粘在一起，前后做 2 ~ 3 次磨合后固定 5 ~ 10 分钟。

（2）室温下（25℃），先将被粘物处理洁净，然后将 A 胶和 B 胶以目测 1∶1 的比例混合，3 分钟内涂于待黏合的表面，固定 5 ~ 10 分钟即可定位。

该胶在贴合 30 分钟后可达到最高强度的 50%，在 24 小时后可达最高强度，可在 − 60℃ ~ 100℃ 的环境中使用。注意，使用时不可一次大量混合胶液，且应保持通风，胶液中有丙烯酸酯气味，切勿入口，不可让儿童接触，使用后不可盖错胶帽。

▚▚▚ 任务实施 ❯❯❯

一、任务分组

将全班 40 名学生分为 8 个工作小组，各小组分别安排 1 名指导教师（师傅）和 1 名组长，组长统筹安排组员的工作任务，正确填写学生任务分配表（表 6 − 1 − 2）。

表 6 − 1 − 2   学生任务分配表

班级		组号		指导教师	
组长		学号		指导师傅	
组员	姓名	学号	姓名	学号	
任务分工					

二、任务准备

学生通过查阅教材、上网搜索、听课、讨论等获取表 6 − 1 − 3 中的答案或案例，并进行自我评价，确保任务顺利实施。

表 6 – 1 – 3　　　　　　　　相关知识和技能信息确认单

相关知识和技能点	答案/案例	自我评价
识别激光雕刻机品牌及型号		
识别亚克力板材和 PS 板材		
识别亚克力胶、AB 胶		
在 CorelDRAW 软件上设计有机字及排版		
格式正确，能在激光雕刻机配套软件中正确打开		
连接激光雕刻机，打开电源		
调节激光头焦距		
打磨切割下来的亚克力板材		
粘贴材料，制成成品		

三、任务计划

（一）制订计划

思考任务方案，制订工作计划，在表 6 – 1 – 4 中用适当的方式展示计划。

表 6 – 1 – 4　　　　　　　　计划制订工作单（成员使用）

1. 解决方案
建议使用图案或拍照描述方式。

2. 任务涉及设备信息、使用材料列表

需要的设备	
需要的材料	

（二）确定计划

小组检查、讨论后确定计划，并在表6–1–5中用适当的方式展示出来。

表6–1–5 计划决策工作单（小组决策使用）

---

1. 小组讨论决策

负责人：_____，讨论发言人：_____。

决策结论及方案变更：

2. 小组互评决策

优点	缺点	综合评价（A、B、C、D、E）	签名

3. 人员分工与进度安排

内容	人员	时间安排	备注
编排设计稿			
用激光雕刻机配套软件打开并调整设计稿			
选择合适的板材			
启动和调试激光雕刻机			
调节激光头焦距、定位板材			
打磨、粘贴板材			

四、任务执行

（一）启动激光雕刻机

（1）在水箱装适量干净水，接通激光雕刻机水泵电源，检查出水口出水状况，保持出水（图6–1–1）。

（2）接通激光雕刻机的抽风机电源（图6-1-2）。

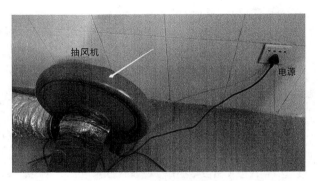

图6-1-1　保持出水　　　　　　　　图6-1-2　接通抽风机电源

（3）接通激光雕刻机的气泵电源（图6-1-3）。

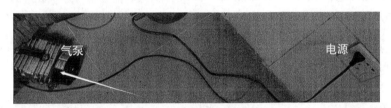

图6-1-3　接通气泵电源

（4）接通激光雕刻机的总电源（图6-1-4）。

（5）开启激光雕刻机电源开关、照明开关（图6-1-5）。

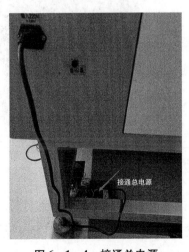

图6-1-4　接通总电源　　　　　　　图6-1-5　开启电源、照明开关

（6）打开激光雕刻机前盖，在激光雕刻机内放置5mm厚的亚克力板材，摆放整齐（图6-1-6）。

（7）通过面板方向键调整激光头的位置，待调至合适位置后按"定位"按钮（图6-1-7）。

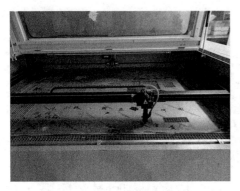

图6-1-6　放置亚克力板材

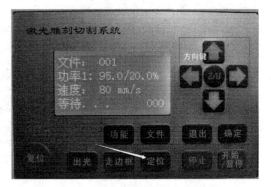

图6-1-7　按"定位"按钮

（8）调节激光头焦距，一般激光头与板材的距离以10mm～15mm为宜，将激光雕刻机配送的小圆柱放置在激光头下方，拧松指示处螺丝，让激光头下垂到小圆柱顶面，再拧紧螺丝，此时激光头焦距最佳（图6-1-8）。

（9）开启"激光"按钮（图6-1-9）。

图6-1-8　调节激光头焦距

图6-1-9　开启"激光"按钮

（二）编排设计稿并记录尺寸

（1）用CorelDRAW软件打开设计稿（图6-1-10）。

（2）为使材料得到有效利用，需对内容进行紧凑排列，根据标识大小设置合适的矩形，并记下矩形的尺寸（图6-1-11）。

图6－1－10 打开设计稿

（3）根据计算机提供的数据测量材料，使材料得到有效利用（图6－1－12）。

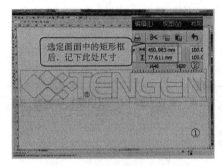

图6－1－11 记下矩形尺寸

图6－1－12 测量材料

（三）切换到激光雕刻机控制软件

（1）单击工具栏中的"激光雕刻机"按钮（图6－1－13）。

（2）切换到激光雕刻机控制软件中，在界面的右侧，双击"图层参数"框中的对应图层（此处为黑色图层）（图6－1－14）。

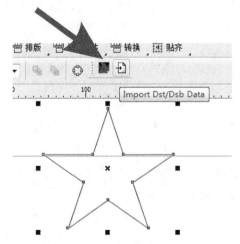

图6－1－13 单击"激光雕刻机"按钮

图6－1－14 双击"图层参数"框中的对应图层

（3）在打开的图层参数对话框中，选择加工方式为"激光切割"，设置速度、加工功率、拐弯功率（图 6 - 1 - 15）。

图 6 - 1 - 15　设置参数

①加工方式：包含激光切割（利用激光将文字笔画或图案切割下来）、激光雕刻（利用激光将文字笔画或图案雕刻在板上）、雕刻后切割（利用激光将文字笔画或图案先雕刻在板上再切割下来）、激光打孔（利用激光打孔）。

②速度：速度值大，则切割或雕刻深度小；反之，速度值小，则切割或雕刻深度大。可根据板材的厚度或需要的深度更改数值。

③加工功率、拐弯功率：设置的最大值一般不超过 98。

（4）单击"确定"按钮（图 6 - 1 - 16）。

（5）单击"设备控制"中的"加载"按钮（图 6 - 1 - 17）。

（6）在打开的"文档加载"对话框中单击"刷新"按钮（图 6 - 1 - 18）。

（7）单击选择"设备文档"框中显示的文件，再单击下方的"删除"按钮，之后单击"加载当前文档"按钮，将设置好的文档加载入激光雕刻机内存（图 6 - 1 - 19）。

（8）单击"开始"按钮，开始进行工作（图 6 - 1 - 20）。

图 6 - 1 - 16　单击"确定"按钮

图 6 - 1 - 17　单击"加载"按钮

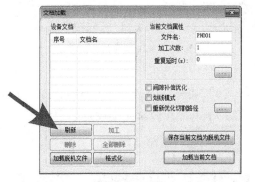

图 6 - 1 - 18　单击"刷新"按钮

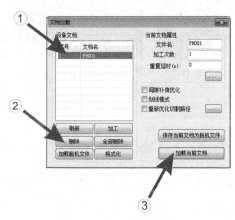

图 6 - 1 - 19　加载文档

图 6 - 1 - 20　单击"开始"按钮

（四）亚克力板材处理

（1）切割结束，关机后取出亚克力板并从板材整体中取出刻好的文字成品。

（2）根据设计需要，可用其他颜色的5mm厚的亚克力板或其他所需的材料，重复以上步骤，再制作相关内容。

（3）对板材进行多层粘贴。

（4）沿文字边缘点上亚克力胶，动作宜迅速，防止胶水固化（图6-1-21）。

（5）对齐合拢，防止错位（图6-1-22）。

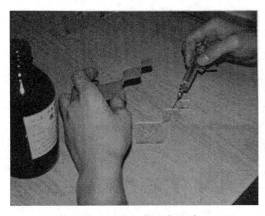 

图6-1-21　点亚克力胶　　　　　　图6-1-22　对齐合拢，防止错位

（6）将粘好的文字摆放到模板中（图6-1-23）。

（7）用AB胶将文字固定好（图6-1-24）。

（8）完成制作（图6-1-25）。

图6-1-23　摆放到模板中　　　图6-1-24　用AB胶固定　　　图6-1-25　完成制作

任务评价 〉〉〉

按照知识、技能和职业素养进行检查，在表6-1-6中评分。评分采用扣分制，每项扣完为止。

表6-1-6   检查记录工作单

检查项目	检查内容	评分标准	评分
1. 知识（15分）	识别激光雕刻机品牌和型号，5分	回答不正确，扣5分	
	识别亚克力板材和PS板材，5分		
	识别亚克力胶和AB胶，5分		
2. 技能（55分）	能够用CorelDRAW软件设计编排，5分	设计与实例要求完全不符合，扣5分	
	选择板材并对板材进行测量，10分	选错板材，扣5分；板材测量出错，扣5分	
	会使用激光雕刻机，15分	找不到激光雕刻机开关按钮，扣5分；激光雕刻机操作失误且不能解决，扣10分	
	会调节激光头焦距，10分	不会调节激光头焦距，扣5分；错误调节激光头焦距，扣5分	
	能对雕刻后的板材进行打磨、粘贴，15分	没有打磨雕刻出来的材料，扣5分；粘贴胶水不会用且粘贴错误，扣5分；粘贴不稳且成品表面有胶水污垢，扣5分	
3. 职业素养（30分）	劳动纪律，10分	遵守纪律，尊重教师，爱惜实训设备和器材，违反上述情况1次酌情扣1~2分；若有特别严重的违纪行为，则本次考核不合格，并按照相关制度进行处理	
	操作规范，10分	设备使用不合理，卫生没有清扫，每处酌情扣1~2分	
	安全意识，10分	危险用电等根据现场情况扣1~3分；损坏设施设备，本次考核不及格，并按照相关制度进行处理	

任务改进 〉〉〉

按照检查中存在的问题进行改进，在表6-1-7中记录改进要点，并由项目负责人签字。

表 6-1-7	改进提交工作单
改进要点记录	
负责人（签字）	

任务 2　有机图案的制作及安装

任务目标 ❱❱❱

1. 知识目标

（1）能够识别激光切割机、激光雕刻机、抛光机、修边机；

（2）能够识别亚克力板、牛皮纸、金粉或银粉、锥度平底刀、抛光布轮；

（3）能识别激光雕刻机配套的软件。

2. 能力目标

（1）能用 CorelDRAW 软件设计有机图案并进行处理；

（2）会使用激光切割机对板材进行切割；

（3）会对文件格式进行转换并能在激光雕刻机配套软件中成功打开；

（4）能使用激光雕刻机雕刻板材；

（5）会使用抛光机抛光板材；

（6）会使用修边机对板材进行修边。

3. 素质目标

（1）在团队沟通中能清晰表达自己的意见，并能与他人达成一致；

（2）语言表达流畅，声音洪亮；

（3）了解并执行 7S 管理标准。

思政要点 ❱❱❱

由对激光切割机、激光雕刻机、抛光机、修边机等机器的精确操作引申出工匠精神。

任务描述 ❱❱❱

本任务以使用大山铭 DS-1390 激光雕刻机制作及安装有机图案为例进行介绍，具体要求有六点：一是编排设计稿，二是用激光切割机对亚克力板进行切割，三是对亚克力模板进行修边和抛光处理，四是用激光雕刻机进行打印雕刻，五是对指示牌进行上色，六是擦拭修边。

一、具体任务

分析任务要求，得出任务清单，见表6－2－1。

表6－2－1　　　　　　　　　　　　　　任务清单

任务内容	任务要求	验收方式
识别激光切割机、激光雕刻机、抛光机、修边机	分别指出哪个是激光切割机、激光雕刻机、抛光机、修边机	作业填报且拍照填报
编排设计稿	用计算机制图软件编排设计稿	作业填报
用激光切割机对亚克力板进行切割	1. 正确放置板材； 2. 启动激光切割机开关	成果展示并拍照填报
对亚克力模板进行修边和抛光处理	1. 完成模板的修边工作； 2. 修边完成后进行打蜡抛光	
对文档进行设置并用激光雕刻机进行打印雕刻	1. 重新调整打印区域； 2. 将打磨过的亚克力模板放置在激光雕刻机上； 3. 确定激光雕刻机焦距，调整好后进行雕刻	
对指示牌进行上色	调整金粉或银粉和固化剂的比例，对指示牌进行上色	成果展示
擦拭修边	精细擦拭，完成修边	

二、任务环境

（1）计算机1台/组；

（2）大山铭DS－1390激光雕刻机1台；

（3）抛光机1台；

（4）修边机1台；

（5）金粉或银粉、固化剂、煤油各1瓶/组；

（6）刮刀1个，抹布1块；

（7）亚克力板、牛皮纸各1块/组。

知识链接

一、相关机器介绍

（一）抛光机

抛光机是一种电动工具，由底座、抛盘、抛光织物、抛光罩及盖等基本元件组成。

常常用于机械式研磨、抛光及打蜡，可达到去除污垢、浅痕等的目的。

（二）修边机

修边机通常由马达、刀头以及可调整角度的保护罩组成，也称倒角机。

二、指示牌介绍

指示牌（图6-2-1），即指示方向等的牌子，它的用途比较广泛，如酒店、宾馆的大堂指示牌、导向牌、号牌、咨询台牌、收银台牌等，以及停车场、公园等一些公共场所使用的指示牌。

按照材质划分，指示牌材质分为不锈钢、亚克力、钛金、铝、黄铜、木等。

按照工艺划分，指示牌工艺分为不锈钢腐蚀、平面拉丝、热转印等。

（a）　　　　　　（b）　　　　　　（c）　　　　　　（d）

图6-2-1　指示牌

任务实施 〉〉〉

一、任务分组

将全班40名学生分为8个工作小组，各小组分别安排1名指导教师（师傅）和1名组长，组长统筹安排组员的工作任务，正确填写学生任务分配表（表6-2-2）。

表6-2-2　　　　　　　　　　学生任务分配表

班级		组号		指导教师	
组长		学号		指导师傅	
组员	姓名	学号		姓名	学号
任务分工					

二、任务准备

学生通过查阅教材、上网搜索、听课、讨论等获取表6-2-3中的答案或案例，并进行自我评价，确保任务顺利实施。

表 6 - 2 - 3　　　　　　　　　相关知识和技能信息确认单

相关知识和技能点	答案/案例	自我评价
识别激光切割机、激光雕刻机、抛光机、修边机		
识别亚克力板、牛皮纸、金粉或银粉、锥度平底刀、抛光布轮		
用 CorelDRAW 软件设计有机图案并进行处理		
会使用激光切割机对板材进行切割		
能使用激光雕刻机雕刻板材		
会使用抛光机抛光板材		

三、任务计划

（一）制订计划

思考任务方案，制订工作计划，在表 6 - 2 - 4 中用适当的方式展示计划。

表 6 - 2 - 4　　　　　　　　　计划制订工作单（成员使用）

1. 解决方案 建议使用图案或拍照描述方式。
2. 任务涉及设备信息、使用材料列表

需要的设备	
需要的材料	

（二）确定计划

小组检查、讨论后确定计划，并在表6-2-5中用适当的方式展示出来。

表6-2-5　　　　　　　　　计划决策工作单（小组决策使用）

1. 小组讨论决策

负责人：_____，讨论发言人：_____。

决策结论及方案变更：

2. 小组互评决策

优点	缺点	综合评价（A、B、C、D、E）	签名

3. 人员分工与进度安排

内容	人员	时间安排	备注
编排设计稿			
用激光切割机对亚克力板进行切割			
对亚克力模板进行修边和抛光处理			
对文档进行设置并用激光雕刻机进行打印雕刻			
对指示牌进行上色			
擦拭修边			

四、任务执行

（一）启动激光雕刻机

启动激光雕刻机的关键流程见图6-1-1至图6-1-9。

（二）用CorelDRAW对设计稿进行处理

（1）在设计软件CorelDRAW中设计指示牌的图稿，确定好内容的样式和色彩

（图6-2-2）。

（2）为使材料得到有效利用，记下矩形的尺寸。

（3）使用黑色亚克力板（保护纸不要撕除），根据计算机提供的数据测量材料，使材料得到有效利用（图6-2-3）。

图6-2-2　确定样式和色彩

图6-2-3　黑色亚克力板
（保护纸不要撕除）

（三）切换到激光雕刻机控制软件

（1）单击工具栏中的"激光雕刻机"按钮。

（2）切换到激光雕刻机控制软件，在界面的右侧，双击"图层参数"框中对应图层（此处为红色图层）（图6-2-4）。

（3）在打开的"图层参数"对话框中，选择加工方式为"激光雕刻"，设置速度（50）、加工功率（95）、拐弯功率（95）。

（4）单击"确定"按钮。

（5）在界面的右侧，双击"图层参数"框中对应图层（此处为黑色图层）（图6-2-5）。

（6）在打开的"图层参数"对话框中，选择"加工方式"为"激光切割"，设置速度（5）、加工功率（95）、拐弯功率（95）。

（7）单击"设备控制"中的"加载"按钮（图6-2-6）。

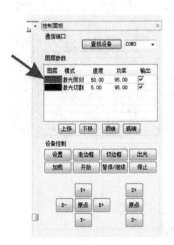

图6-2-4　双击"图层参数"
框中红色图层

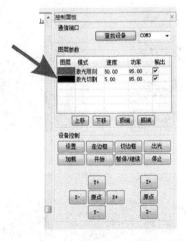

图6-2-5　双击"图层参数"
框中黑色图层

图6-2-6　单击
"加载"按钮

（8）在打开的"文档加载"对话框中单击"刷新"按钮。

（9）单击选择"设备文档"框中显示的文件，再单击下方的"删除"按钮，之后单击"加载当前文档"按钮，将设置好的文档加载入激光雕刻机内存。

（10）单击"开始"按钮，开始进行工作。

（四）对亚克力模板进行修边和抛光处理

（1）对完成切割的模板进行修边处理，使边缘光滑，防止割手（图6-2-7）。

（2）在抛光机上对经过修边处理的模板进行打蜡抛光处理，使表面光滑平整（图6-2-8）。

图6-2-7　修边处理

图6-2-8　抛光处理

（五）对指示牌进行上色

（1）先将金粉或银粉和固化剂以1∶1的比例调匀，调好后用刮刀对指示牌上色并晾干（图6-2-9）。

（2）再用抹布蘸煤油进行擦拭修边（图6-2-10）。

图6-2-9　上色并晾干

图6-2-10　擦拭修边

（3）擦拭完毕，指示牌就制作完成了（图6-2-11）。

图6-2-11　完成效果

任务评价 〉〉〉

按照知识、技能和职业素养进行检查，在表 6 - 2 - 6 中评分。评分采用扣分制，每项扣完为止。

表 6 - 2 - 6　　　　　　　　　　检查记录工作单

检查项目	检查内容	评分标准	评分
1. 知识 (15 分)	能分辨激光切割机、激光雕刻机、抛光机、修边机，5 分	回答不正确，扣 5 分	
	能识别亚克力板、牛皮纸、金粉或银粉、锥度平底刀、抛光布轮，10 分	回答不正确 1 个扣 2 分，扣完 10 分为止	
2. 技能 (55 分)	能用 CorelDRAW 软件设计有机图案并进行处理，10 分	不会使用设计软件，扣 5 分； 设计图案不符合要求，扣 5 分	
	能够正确使用激光切割机切割板材，10 分	操作失误，扣 10 分	
	能够正确使用修边机对板材进行修边，10 分	板材边缘应光滑、不割手，不符合要求的扣 10 分	
	能够正确使用抛光机打蜡抛光板材，5 分	表面不光滑，不符合要求扣 5 分	
	能够正确使用激光雕刻机雕刻板材，10 分	不会启动激光雕刻机，扣 5 分； 操作失误，不符合要求扣 5 分	
	能对制作好的板材进行上色，使之成为成品，10 分	不会调色，扣 5 分； 没有达到成品要求，扣 5 分	
3. 职业素养 (30 分)	劳动纪律，10 分	遵守纪律，尊重教师，爱惜实训设备和器材，违反上述情况 1 次酌情扣 1 ~ 2 分； 若有特别严重的违纪行为，则本次考核不合格，并按照相关制度进行处理	
	操作规范，10 分	设备使用不合理，卫生没有清扫，每处酌情扣 1 ~ 2 分	
	安全意识，10 分	危险用电等根据现场情况扣 1 ~ 3 分； 损坏设施设备，本次考核不及格，并按照相关制度进行处理	

任务改进 ❭❭❭

按照检查中存在的问题进行改进，在表 6 - 2 - 7 中记录改进要点，并由项目负责人签字。

表 6 - 2 - 7 改进提交工作单

改进要点记录	
负责人（签字）	

任务3　个性化书签的制作

任务目标 ❭❭❭

1. 知识目标

（1）能识别制作书签的材料；

（2）能识别不同书签的工艺效果；

（3）能设计出书签的效果图；

2. 能力目标

（1）能用 CorelDRAW 软件设计书签并能导出正确格式；

（2）会对文件格式进行转换并在激光雕刻机配套软件中成功打开；

（3）能使用激光雕刻机雕刻板材；

（4）会对雕刻板和底板进行粘贴；

（5）会对底板贴亚膜；

（6）能完整制作作品并进行装饰。

3. 素质目标

（1）在团队沟通中能清晰表达自己的意见，并能与他人达成一致；

（2）语言表达流畅，声音洪亮；

（3）了解并执行 7S 管理标准。

思政要点 〉〉〉

书签的历史
文化追溯

（1）由制作书签引申出中国传统文化的博大精深，培养文化自信；
（2）由精细的书签制作引申出工匠精神。

任务描述 〉〉〉

本任务以使用大山铭 DS - 1390 激光雕刻机制作个性化书签为例进行介绍，具体要求有四点：一是编排设计稿，二是在激光雕刻机控制软件中进行设置并使用激光雕刻机雕刻，三是粘贴，四是修饰已雕刻好的板材并制作书签成品。

一、具体任务

分析任务要求，得出任务清单，见表 6 - 3 - 1。

表 6 - 3 - 1　　　　　　　　　　　任务清单

任务内容	任务要求	验收方式
识别制作书签的材料	能够正确识别制作书签的材料	作业填报
识别不同书签的工艺效果	能够正确识别不同书签的工艺效果	
使用 CorelDRAW 软件设计书签	能够使用软件并且能导出正确格式	
启动和调试激光雕刻机	1. 辨别激光雕刻机的启动键及关机键； 2. 调节激光头焦距； 3. 设置参数，定位板材	成果展示
底板贴亚膜	能够在正确位置贴亚膜	成果展示并拍照填报
成品展示	能完整制作作品并进行装饰	

二、任务环境

（1）计算机 1 台/组；

（2）大山铭 DS - 1390 激光雕刻机 1 台；

（3）厚 3mm 的木夹板 1 块，砂纸 1 张，亚膜 1 张，502 胶水 1 瓶，彩色细绳几根，美工刀 1 把等。

知识链接

从材质来讲，书签（图6-3-1）有许多种类，有金属书签、布艺书签、木质书签、纸质书签、塑料书签、植物昆虫标本书签等。

从制作方法来讲，书签制作涉及绘画、剪贴、印刷、镂空等工艺。

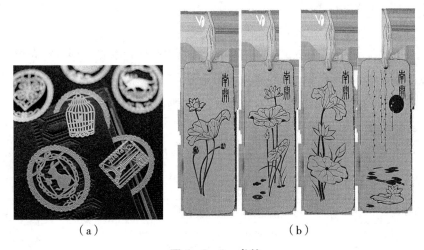

（a）　　　　　　　　　　　　　（b）

图6-3-1　书签

任务实施 〉〉〉

一、任务分组

将全班40名学生分为8个工作小组，各小组分别安排1名指导教师（师傅）和1名组长，组长统筹安排组员的工作任务，正确填写学生任务分配表（表6-3-2）。

表6-3-2　　　　　　　　　　学生任务分配表

班级		组号		指导教师	
组长		学号		指导师傅	
组员	姓名	学号	姓名	学号	
任务分工					

二、任务准备

学生通过查阅教材、上网搜索、听课、讨论等获取表 6 - 3 - 3 中的答案或案例，并进行自我评价，确保任务顺利实施。

表 6 - 3 - 3　　　　　　　　　相关知识和技能信息确认单

相关知识和技能点	答案/案例	自我评价
识别制作书签的材质		
识别不同书签的工艺效果		
正确编排设计稿		
选择合适的板材制作书签		
启动和调试激光雕刻机，并且能够正常运作		
会对底板贴亚膜		
完整制作作品并进行装饰		

三、任务计划

（一）制订计划

思考任务方案，制订工作计划，在表 6 - 3 - 4 中用适当的方式展示计划。

表 6 - 3 - 4　　　　　　　　　计划制订工作单（成员使用）

1. 解决方案 建议使用图案或拍照描述方式。	
2. 任务涉及设备信息、使用材料列表	
需要的设备	
需要的材料	

（二）确定计划

小组检查、讨论后确定计划，并在表6-3-5中用适当的方式展示出来。

表6-3-5　　　　　　　　　　**计划决策工作单（小组决策使用）**

1. 小组讨论决策

负责人：_____，讨论发言人：_____。

决策结论及方案变更：

2. 小组互评决策

优点	缺点	综合评价（A、B、C、D、E）	签名

3. 人员分工与进度安排

内容	人员	时间安排	备注
编排设计稿			
用激光雕刻机配套软件打开并调整设计稿			
选择合适的板材			
启动和调试激光雕刻机			
调节激光头焦距、定位板材			
粘贴、修饰已雕刻好的板材			

四、任务执行

（一）启动激光雕刻机

启动激光雕刻机的关键流程见图6-1-1至图6-1-9。

（二）用 CorelDRAW 打开文件

用 CorelDRAW 软件打开设计稿（图 6 - 3 - 2）。

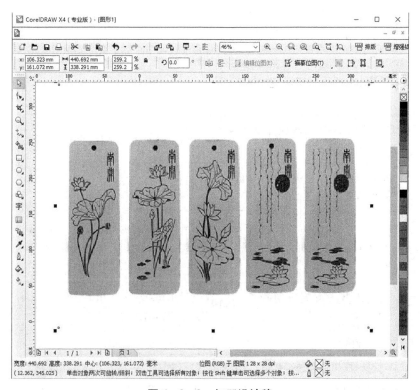

图 6 - 3 - 2　打开设计稿

（三）切换到激光雕刻机控制软件

使用激光雕刻机控制软件的关键流程见本项目任务 2。

切割结束后，取出雕刻物件，清洁、修饰物件表面。

（四）粘贴并修饰

（1）对雕刻板与底板进行粘贴。

（2）给底板贴上一层亚膜。

（3）对雕刻好的书签用彩色细绳进行扎接装饰，完成书签制作。

任务评价 〉〉〉

按照知识、技能和职业素养进行检查，在表 6 - 3 - 6 中评分。评分采用扣分制，每项扣完为止。

表 6 - 3 - 6 检查记录工作单

检查项目	检查内容	评分标准	评分
1. 知识 (15 分)	能识别制作书签的材质, 5 分	回答不正确 1 个扣 1 分, 扣完 5 分为止	
	能识别不同书签的工艺效果, 5 分		
	能说出制作书签所需要的材料, 5 分		
2. 技能 (55 分)	能够用 CorelDRAW 软件设计编排文稿, 10 分	设计与实例要求不符合, 扣完 10 分为止	
	会将板材放置在激光雕刻机合适的位置上, 5 分	放错位置, 扣 5 分	
	会使用激光雕刻机, 15 分	找不到激光雕刻机开关按钮, 扣 5 分; 激光雕刻机操作失误且不能解决, 扣 10 分	
	会使用激光雕刻机切割模式、扫描模式, 10 分	不会使用切割模式, 扣 5 分; 不会使用扫描模式, 扣 5 分	
	会贴亚膜, 5 分	不会贴或者贴错, 扣 5 分	
	对雕刻板和底板进行粘贴, 5 分	粘贴不牢固、不按要求粘贴, 扣 5 分	
	用彩色细绳进行扎接装饰, 5 分	扎接装饰不合适且不符合要求, 扣 5 分	
3. 职业素养 (30 分)	劳动纪律, 10 分	遵守纪律, 尊重教师, 爱惜实训设备和器材, 违反上述情况 1 次酌情扣 1~2 分; 若有特别严重的违纪行为, 则本次考核不合格, 并按照相关制度进行处理	
	操作规范, 10 分	设备使用不合理, 卫生没有清扫, 每处酌情扣 1~2 分	
	安全意识, 10 分	危险用电等根据现场情况扣 1~3 分; 损坏设施设备, 本次考核不及格, 并按照相关制度进行处理	

任务改进 〉〉〉

按照检查中存在的问题进行改进, 在表 6 - 3 - 7 中记录改进要点, 并由项目负责人签字。

表6-3-7	改进提交工作单
改进要点记录	
负责人（签字）	

任务4　个性化竹简的制作

任务目标 〉〉〉

1. 知识目标

（1）能识别制作竹简的材质；

（2）能识别竹简的含义和作用。

2. 能力目标

（1）能用 CorelDRAW 软件设计竹简并能导出正确格式；

（2）会对文件格式进行转换并在激光雕刻机配套软件中成功打开；

（3）能使用激光雕刻机雕刻板材；

（4）能完整制作作品并进行装饰。

3. 素质目标

（1）在团队沟通中能清晰表达自己的意见，并能与他人达成一致；

（2）语言表达流畅，声音洪亮；

（3）了解并执行 7S 管理标准。

思政要点 〉〉〉

竹简的历史
文化追溯

（1）由制作竹简引申出中国传统文化的博大精深，培养文化自信；

（2）由精细的竹简制作引申出工匠精神。

任务描述 〉〉〉

本任务以使用大山铭 DS-1390 激光雕刻机制作个性化书简为例进行介绍，具体要求有四点：一是编排设计稿，二是在激光雕刻机控制软件中进行设置并使用激光雕刻机雕刻，三是扎接，四是修饰已雕刻好的板材并制作竹简成品。

一、具体任务

分析任务要求，得出任务清单，见表6-4-1。

表6-4-1　　　　　　　　　　　　　任务清单

任务内容	任务要求	验收方式
识别制作竹简的材质	正确识别制作竹简的材质	作业填报
能写出竹简的含义及作用	正确写出竹简的含义及作用	
使用 CorelDRAW 软件设计竹简	能够使用软件并且能导出正确格式	
启动和调试激光雕刻机	1. 辨别激光雕刻机的启动键及关机键； 2. 调节激光头焦距； 3. 设置参数，定位板材	成果展示
正确使用激光雕刻机制作成品	能够安全使用激光雕刻机并能够按设计稿做出样品	
用彩色细绳进行扎接装饰	能够扎接牢固，成品完整	
成品展示	能完整制作作品并进行装饰	成果展示并拍照填报

二、任务环境

（1）计算机1台/组；

（2）大山铭 DS-1390 激光雕刻机1台；

（3）30cm×30cm 竹板2块/组，砂纸2张，彩色细绳几根，美工刀1把/组等。

任务实施 〉〉〉

一、任务分组

将全班40名学生分为8个工作小组，各小组分别安排1名指导教师（师傅）和1名组长，组长统筹安排组员的工作任务，正确填写学生任务分配表（表6-4-2）。

表 6 - 4 - 2　　　　　　　　　　　学生任务分配表

班级		组号		指导教师	
组长		学号		指导师傅	
组员	姓名	学号	姓名		学号
任务分工					

二、任务准备

学生通过查阅教材、上网搜索、听课、讨论等获取表 6 - 4 - 3 中的答案或案例，并进行自我评价，确保任务顺利实施。

表 6 - 4 - 3　　　　　　　　　相关知识和技能信息确认单

相关知识和技能点	答案/案例	自我评价
识别制作竹简的材质		
识别竹简的含义和作用		
正确编排设计稿		
选择合适的板材制作竹简		
启动和调试激光雕刻机，并且能够正常运作		
用彩色细绳进行扎接装饰		
完整制作作品并进行装饰		

三、任务计划

（一）制订计划

思考任务方案，制订工作计划，在表6-4-4中用适当的方式展示计划。

表6-4-4   计划制订工作单（成员使用）

1. 解决方案
建议使用图案或拍照描述方式。

2. 任务涉及设备信息、使用材料列表

需要的设备	
需要的材料	

（二）确定计划

小组检查、讨论后确定计划，并在表6-4-5中用适当的方式展示出来。

表6-4-5   计划决策工作单（小组决策使用）

1. 小组讨论决策
负责人：_____，讨论发言人：_____。
决策结论及方案变更：

2. 小组互评决策

优点	缺点	综合评价（A、B、C、D、E）	签名

3. 人员分工与进度安排

内容	人员	时间安排	备注
编排设计稿			
用激光雕刻机配套软件打开并调整设计稿			
选择合适的板材			
启动和调试激光雕刻机			
调节激光头焦距、定位板材			
扎接、修饰已雕刻好的板材			

四、任务执行

（一）启动激光雕刻机

（1）在水箱装适量干净水，接通激光雕刻机水泵电源，检查出水口出水状况，保持出水。

（2）接通激光雕刻机抽风机电源。

（3）接通激光雕刻机的气泵电源。

（4）接通激光雕刻机的总电源。

（5）开启激光雕刻机电源开关、照明开关。

（6）清理激光雕刻机的工作平台，打开激光雕刻机，将竹板放置于工作平台上（图 6 - 4 - 1）。

（7）通过面板方向键调整激光头的位置，调至合适位置后按"定位"按钮。

（8）调节激光头焦距，一般激光头与板材的距离以 10mm ~ 15mm 为宜，将激光雕刻机配送的小圆柱放置在激光头下方，拧松指示处螺丝，让激光头下垂到小圆柱顶面，再拧紧此螺丝，此时激光头焦距为最佳。

（9）开启"激光"按钮。

（二）用 CorelDRAW 打开文件

用 CorelDRAW 软件打开设计稿（图 6 - 4 - 2）。

图6-4-1 将竹板放置于工作平台上

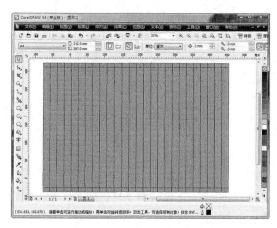

图6-4-2 打开设计稿

（三）切换到激光雕刻机控制软件

使用激光雕刻机控制软件的关键流程见本项目任务1。

（四）用绳扎接竹简，进行装饰

雕刻结束后，取出竹简，用彩色细绳对竹简进行扎接装饰，完成竹简制作（图6-4-3）。

图6-4-3 扎接装饰

任务评价 〉〉〉

按照知识、技能和职业素养进行检查，在表 6 - 4 - 6 中评分。评分采用扣分制，每项扣完为止。

表 6 - 4 - 6　　　　　　　　　　　　检查记录工作单

检查项目	检查内容	评分标准	评分
1. 知识 (15 分)	能识别制作竹简的材质，5 分	回答不正确 1 个扣 1 分，扣完 5 分为止	
	能识别不同竹简的工艺效果，5 分		
	能说出竹简的含义和作用，5 分		
2. 技能 (55 分)	能够用 CorelDRAW 软件设计编排文稿，10 分	设计与实例要求不符合，扣完 10 分为止	
	会将板材放置在激光雕刻机合适的位置上，5 分	放错位置，扣 5 分	
	会使用激光雕刻机，15 分	找不到激光雕刻机开关按钮，扣 5 分； 激光雕刻机操作失误且不能解决，扣 10 分	
	会使用激光雕刻机切割模式、扫描模式，10 分	不会使用切割模式，扣 5 分； 不会使用扫描模式，扣 5 分	
	粘贴、修饰已雕刻好的板材，5 分	粘贴不牢固、不按要求粘贴，扣 5 分	
	用彩色细绳进行扎接装饰，5 分	扎接装饰不合适且不符合要求，扣 5 分	
	成品展示，5 分	没有按要求展示成品，扣 5 分	
3. 职业素养 (30 分)	劳动纪律，10 分	遵守纪律，尊重教师，爱惜实训设备和器材，违反上述情况 1 次酌情扣 1 ~ 2 分； 若有特别严重的违纪行为，则本次考核不合格，并按照相关制度进行处理	
	操作规范，10 分	设备使用不合理，卫生没有清扫，每处酌情扣 1 ~ 2 分	
	安全意识，10 分	危险用电等根据现场情况扣 1 ~ 3 分； 损坏设施设备，本次考核不及格，并按照相关制度进行处理	

任务改进 〉〉〉

按照检查中存在的问题进行改进，在表 6 - 4 - 7 中记录改进要点，并由项目负责人签字。

表 6 - 4 - 7　　　　　　　　　　　改进提交工作单

改进要点记录	
负责人（签字）	

广告雕刻机的使用

广告雕刻机是广告行业经常使用的设备，其常用于胸牌、钢模、印章、家具、工艺品、招牌等的制作。

本项目任务分为 PVC 文字的制作及安装、PVC 图案的制作及安装。

任务 1　PVC 文字的制作及安装

任务目标 〉〉〉

1. 知识目标

（1）能识别广告雕刻机所使用的材料种类；

（2）能指出广告雕刻机的结构部件名称；

（3）能识别雕刻刀具；

（4）能指出广告雕刻机的适用行业。

2. 能力目标

（1）能正确安放雕刻材料；

（2）能正确安装雕刻刀具；

（3）能启动水泵；

（4）能正确设定工作原点；

（5）能在文泰软件中设计所需文字；

（6）能正确雕刻输出文字；

（7）能打磨文字边缘；

（8）能完好地将文字粘贴到指定位置。

3. 素质目标

（1）使学生认同职业道德教育；

（2）有团队合作精神，能与他人进行正常的讨论交流；

（3）了解并执行 7S 管理标准。

思政要点 〉〉〉

（1）由各操作引申出精益求精的工匠精神；

（2）由减少耗材的使用引申出节约、环保理念。

任务描述 〉〉〉

本任务以广告行业最常见的工作之一——PVC 文字的制作及安装为例进行介绍，

使用广告雕刻机雕刻 PVC 文字并将其安装到指定位置。

一、具体任务

分析任务要求，得出任务清单，见表 7-1-1。

表 7-1-1　　　　　　　　　　　　　任务清单

任务内容	任务要求	验收方式
识别广告雕刻机所使用的材料种类	根据材料特点判断种类	作业填报
指出广告雕刻机的结构部件名称	指出广告雕刻机的结构部件名称	
能识别雕刻刀具	识别不同型号的雕刻刀具	
指出广告雕刻机的适用行业	判断所给定行业是否适用广告雕刻机	
安放雕刻材料	1. 将材料安放到平台上； 2. 在平台上用夹具夹紧材料	拍照填报
安装雕刻刀具	1. 拆下之前的刀具； 2. 安装指定刀具	
启动水泵	将水泵接通电源，检查出水状况	
设定工作原点	调整刀头到合适的工作原点	
在文泰软件中设计所需文字	在软件中设计"广告实训室"五个文字，字体为文泰大黑，字体大小高度、宽度均为 60mm	截屏填报
雕刻输出	将所设计的文字雕刻输出	拍照填报
打磨文字边缘	1. 将雕刻输出的文字从材料上取下； 2. 使用砂纸或锉刀打磨	成果展示及拍照填报
将文字粘贴到指定位置	将文字粘贴到指定位置，文字无破损，粘贴牢固，笔画位置正确，无其他瑕疵	成果展示提交

二、任务环境

（1）计算机（安装文泰软件、维宏软件）1 台/组；

（2）广告雕刻机 1 台/组（2 组共用）；

（3）PVC 板 1 张/组；

（4）玻璃胶（热熔胶）及胶枪 1 套/组；

（5）海绵胶 1 卷/组等。

知识链接

广告雕刻机是广告行业经常使用的设备，由计算机、雕刻机控制器、雕刻机主机 3 部分组成。其通过计算机内配置的专用雕刻软件进行设计和排版，并由计算机把设计与排版的信息自动传送至雕刻机控制器，再由雕刻机控制器把这些信息转化成能驱动步进电机或伺服电机的带有功率的信号（脉冲串），控制雕刻机主机生成 X、Y、Z 三轴的雕刻走刀路径。同时，雕刻机主机上的高速旋转雕刻头，通过按加工材质配置的刀具，对固定于雕刻机主机工作台上的加工材料进行切削，即可雕刻出在计算机中设计的各种平面或立体的浮雕图形及文字，实现雕刻自动化作业。

（一）适用行业及范围

广告雕刻机适用行业及范围见图 7-1-1 至图 7-1-4。

图 7-1-1　刻章

图 7-1-2　家具刻花

图 7-1-3　标牌制作

图 7-1-4　广告字

（二）广告雕刻机的适用材料

常用的雕刻材料有双色板、PVC板、木板、ABS等。其中，双色板是以ABS为基材，通过丝网刮漆烘干（俗称"色板"）或压聚金属固化物（如金、银）等工艺生产的一种新型材料，由两层板构成，上层与底板具有不同颜色。

不常用的雕刻材料有金属材料（钢铁、合金、铜、铝等，主要应用于模具制造行业）、硬纸板、树脂板等复合材料。

（三）广告雕刻机的结构

广告雕刻机的结构见图7-1-5。

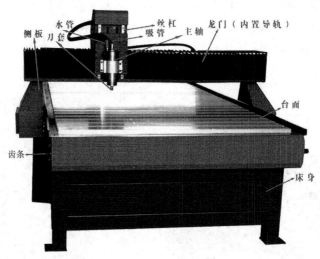

图7-1-5 广告雕刻机

其中，刀具分为平底尖刀、中心尖刀、直刀和球刀4种。

第一，平底尖刀（图7-1-6）。

W1表示刀具的柄径，常用的柄径有φ4、φ6等，根据需要选择即可。

W2表示刀尖的宽度，它直接影响着雕刻效果，在设置时要尽量准确，可拿一把精度高一些的尺子做大致参考。

A指刀尖部分两条边夹角的一半，若为30°刀具，则A应设为15°，以此类推。

H1指刀具的刃长，雕刻的材料高度应低于刃长。

平底尖刀的刀尖顶部是平的，常用于做2D、3D雕刻及浮雕，做尺寸较小的雕刻时可以选择平底直径小一些的，做尺寸较大的雕刻时可以选择平底直径大一些的。

第二，中心尖刀（图7-1-7）。

参数与平底尖刀类似，但无刀尖W2。

中心尖刀是"V"形刀，这种刀适合雕刻2D、3D字，不适合做切割及浮雕。

图7-1-6　平底尖刀

图7-1-7　中心尖刀

第三，直刀（图7-1-8）。

第四，球刀（图7-1-9）。球刀，刀头的形状呈球形。这种刀既可以用来做波浪板，也可以用来做浮雕，一般球刀适合做大一些的浮雕。

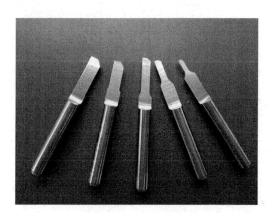

图7-1-8　直刀

图7-1-9　球刀

▰▰▰▰　任务实施 ＞＞＞

一、任务分组

将全班40名学生分为8个工作小组，各小组分别安排1名指导教师（师傅）和1名组长，组长统筹安排组员的工作任务，正确填写学生任务分配表（表7-1-2）。

表 7 - 1 - 2   学生任务分配表

班级		组号		指导教师	
组长		学号		指导师傅	
组员	姓名	学号		姓名	学号
任务分工					

二、任务准备

学生通过查阅教材、上网搜索、听课、讨论等获取表 7 - 1 - 3 中的答案或案例，并进行自我评价，确保任务顺利实施。

表 7 - 1 - 3   相关知识和技能信息确认单

相关知识和技能点	答案/案例	自我评价
识别广告雕刻机所使用的材料种类		
指出广告雕刻机的结构部件名称		
能识别雕刻刀具		
指出广告雕刻机的适用行业		
安放雕刻材料		
安装雕刻刀具		
启动水泵		
设定工作原点		

相关知识和技能点	答案/案例	自我评价
在文泰软件中设计所需文字		
雕刻输出		
打磨文字边缘		
将文字粘贴到指定位置		

三、任务计划

（一）制订计划

思考任务方案，制订工作计划，在表 7 – 1 – 4 中用适当的方式展示计划。

表 7 – 1 – 4　　　　　　　　计划制订工作单（成员使用）

1. 解决方案 建议使用图案或拍照描述方式。

2. 任务涉及设备信息、使用材料列表

需要的设备	
需要的材料	

（二）确定计划

小组检查、讨论后确定计划，并在表 7 – 1 – 5 中用适当的方式展示出来。

表 7 - 1 - 5　　　　　计划决策工作单（小组决策使用）

1. 小组讨论决策

负责人：_____，讨论发言人：_____。

决策结论及方案变更：

2. 小组互评决策

优点	缺点	综合评价（A、B、C、D、E）	签名

3. 人员分工与进度安排

内容	人员	时间安排	备注
识别广告雕刻机所使用的材料种类、指出广告雕刻机的结构部件名称、识别雕刻刀具、指出广告雕刻机的适用行业			
安放雕刻材料、安装雕刻刀具、启动水泵、设定工作原点			
在文泰软件中设计所需文字、雕刻输出			
打磨文字边缘、将文字粘贴到指定位置			

四、任务执行

（一）PVC 文字的设计与软件使用

（1）双击"文泰三维雕刻软件"，打开软件。

（2）自定义尺寸，根据工作台面尺寸及雕刻内容尺寸确定宽、高，然后单击"创建新文件"按钮（图 7 - 1 - 10）。

（3）选择"选项"→"定义原点"（图 7 - 1 - 11），单击工作页面左下角

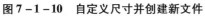

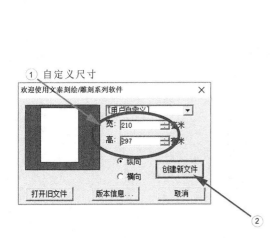

图7-1-10 自定义尺寸并创建新文件

图7-1-11 "选项"→"定义原点"

（图7-1-12），弹出图7-1-13所示的提示框，选择"是"，定义左下角为工作原点。

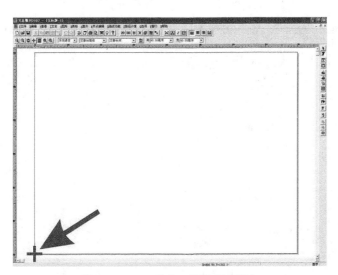

图7-1-12 单击工作页面左下角

图7-1-13 弹出提示框

（4）选择右侧工具栏中的"文字"按钮（图7-1-14），输入文字"广告实训室"，将字体设置为"文泰大黑"，字体大小高度、宽度均设置为60mm（图7-1-15）。

图7-1-14 "文字"按钮

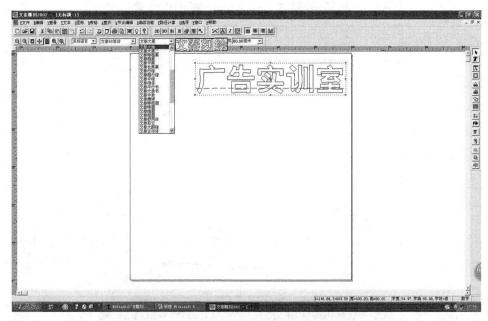

图7-1-15 输入文字并进行相应设置

方式一：单击工具栏中的字体、字型、字号下拉框，选择所需字体、字型、字号。

方式二：右键单击文字（图7-1-16），打开快捷菜单，选择"字体类型"，设置文字字体，选择"字体大小"，设置字体大小（图7-1-17）。

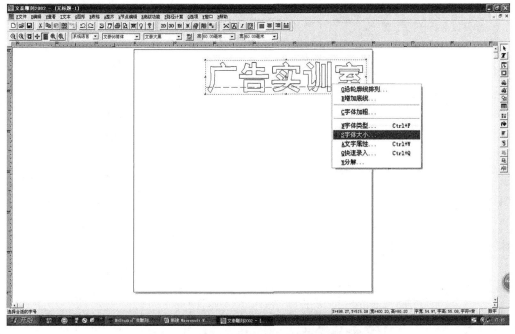

图 7 – 1 – 16　右键单击文字进行相应设置

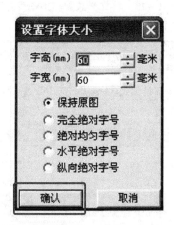

图 7 – 1 – 17　设置字体大小

（5）将文字放置在工作页左下角，使文字框的左下角与工作原点重合（图 7 – 1 – 18）。单击工具栏中的"割"按钮（图 7 – 1 – 19），打开"割字"对话框（图 7 – 1 – 20）。

①单击"刀具库"下拉菜单，根据切割尺寸，选择合适刀具；②勾选"外轮廓"；③"雕刻深度"：输入数值要比需切割的板材稍大，这里设置为"9.5"；④单击"确认"按钮。

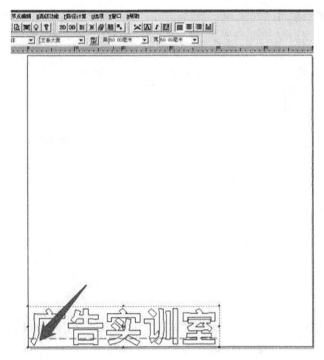

图7-1-18 将文字放置在工作页左下角

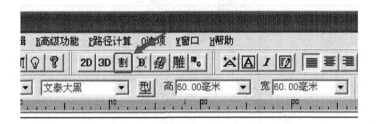

图7-1-19 单击工具栏中"割"按钮

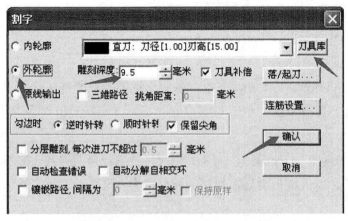

图7-1-20 打开"割字"对话框

（6）单击工具栏中的"保存"按钮，进行相应设置，保存文件（图7－1－21）。

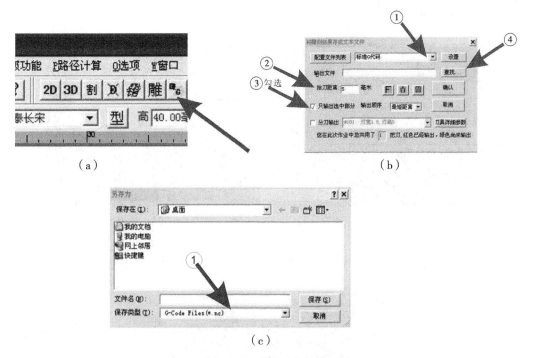

（a）

（b）

（c）

图7－1－21　保存文件

（二）刀具的安装及调试

（1）将夹头放入压帽，轻轻转动夹簧，待压帽偏心部分凹入夹头槽，沿箭头方向均匀用力推动夹头，即可将夹头装入压帽。

（2）夹头与压帽一起安装在机床主轴上，把刀具圆柱柄部擦净后装入加持孔，确认夹头和刀具放正后，用手将压帽拧到位，再使用扳手均匀用力拧紧压帽，直到刀具夹牢。

（3）松刀时，用扳手反方向拧压帽（图7－1－22），如需更换夹头，松开压帽带出夹头及刀具，卸下刀具，沿箭头方向用力推动夹头，使其推出，然后根据需要换上其他孔径的夹头即可（图7－1－23）。

图7－1－22　用扳手反向拧压帽

图7－1－23　根据需要换上其他孔径夹头

（4）将水箱装满水，放入水泵（图7-1-24），接通电源（图7-1-25），检查出水状况，出水口必须出水。

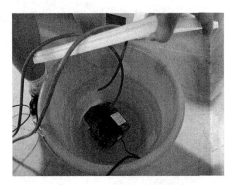 

图7-1-24　放入水泵　　　　　　　　图7-1-25　接通电源

（5）开启机器（图7-1-26），将需作业的PVC板端正地摆放在台面上。

图7-1-26　开启机器

（6）调整夹具到合适位置，拧紧夹具，固定好PVC板（图7-1-27）。

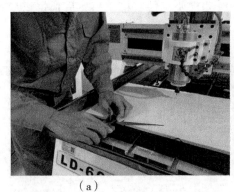 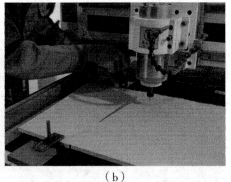

（a）　　　　　　　　　　　　　（b）

图7-1-27　调整夹具，固定好PVC板

（三）切割文字

（1）双击维宏控制系统软件（图7-1-28），弹出提示框，单击"关闭"按钮（图7-1-29），进入系统界面，系统界面见图7-1-30。

图7-1-28　双击软件

图7-1-29　单击"关闭"按钮

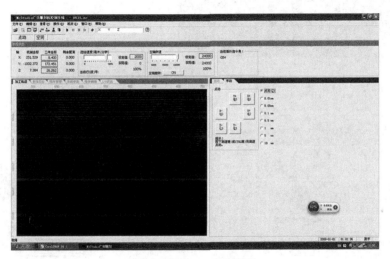

图7-1-30　系统界面

（2）调整刀头在PVC板上的工作原点，在界面右侧"手动"栏中左边为移动方向，右边为移动距离（图7-1-31）。

①设置刀头移动距离：每单击移动方向键一次（或小键盘对应方向键），便会增量步进的数值。

②通过"X-"（小键盘数字4）和"X+"（小键盘数字6）左右移动、"Y+"（小键盘数字8）和"Y-"（小键盘数字2）前后移动来调整刀头水平面的位置，使刀头处于工作原点的上方。

③单击"主轴旋转"按钮，将轴旋转，这是保证刀具安全的重要操作（图7-1-32）。

④通过"Z+"（小键盘数字9）和"Z-"（小键盘数字1）上下移动，调整刀头位置，使之降低到与板材平面似接非接的位置。

⑤分别单击X、Y、Z对应按钮，进行坐标清零（图7-1-33）。

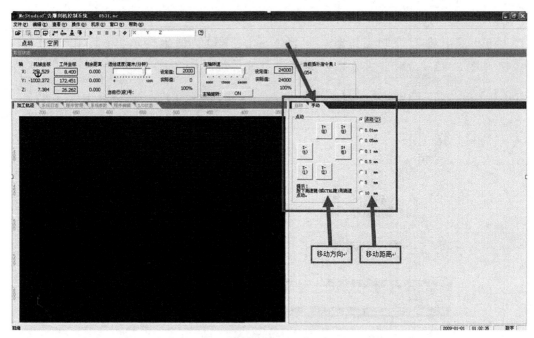

图 7 – 1 – 31　移动方向和移动距离

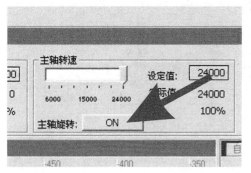

图 7 – 1 – 32　单击"主轴旋转"按钮

图 7 – 1 – 33　坐标清零

（3）单击"自动"栏选项下相应内容，再单击鼠标右键，弹出快捷菜单，单击"卸载"，卸载原有雕刻文件（图 7 – 1 – 34）。

（4）再单击鼠标右键，弹出快捷菜单，单击"打开并装载"，加载新雕刻文件（图 7 – 1 – 35）。

（5）单击工具栏中的"预览"按钮，可在"加工轨迹"框中观察雕刻状况（图 7 – 1 – 36）。

（6）路径正常则单击"启动"按钮（图 7 – 1 – 37）。

图 7 – 1 – 34　单击"卸载"　　　　　图 7 – 1 – 35　单击"打开并装载"

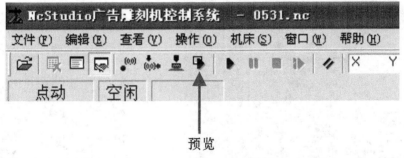

预览

图 7 – 1 – 36　单击"预览"按钮

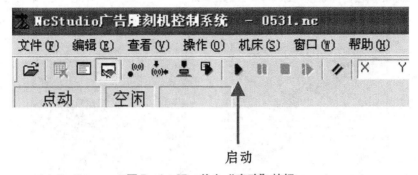

启动

图 7 – 1 – 37　单击"启动"按钮

（四）文字安装

（1）广告雕刻机完成 PVC 文字切割（图 7 – 1 – 38）。

（2）取下夹具并取出 PVC 板（图 7 – 1 – 39）。

图 7 –1 –38　完成文字切割

图 7 –1 –39　取下夹具并取出 PVC 板

（3）操作完成，关闭电源（图 7 – 1 – 40）。

（4）取出 PVC 文字（图 7 – 1 – 41），可用砂纸、锉刀等对边缘进行打磨抛光（图 7 – 1 – 42）。

（5）佩戴防护手套，对 PVC 文字进行喷色处理（图 7 – 1 – 43）。

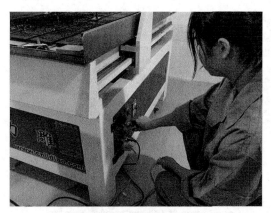

图 7 – 1 – 40　关闭电源

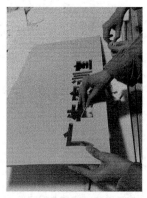

图 7 – 1 – 41　取出切割好的文字

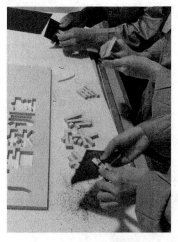

图 7 – 1 – 42　打磨抛光

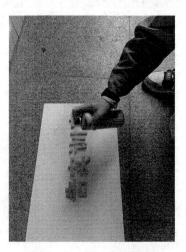

图 7 – 1 – 43　喷色处理

（6）先将海绵胶粘贴在 PVC 文字背面（图 7 – 1 – 44），再将加热好的热熔胶涂在 PVC 文字背面，注意，与所贴海绵胶错开（图 7 – 1 – 45）。

图 7 – 1 – 44　粘贴海绵胶

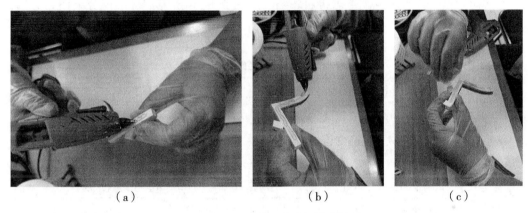

　　　（a）　　　　　　　　　　　（b）　　　　　　　　　　　（c）

图 7 – 1 – 45　与海绵胶错开涂热熔胶

（7）把粘有热熔胶和海绵胶的 PVC 文字粘贴在所需位置（图 7 – 1 – 46），如此，整个流程全部完成（图 7 – 1 – 47）。

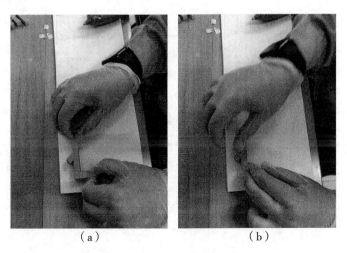

　　　（a）　　　　　　　　　　　（b）

图 7 – 1 – 46　粘贴 PVC 文字

图 7 - 1 - 47 完成效果

任务评价 〉〉〉

按照知识、技能和职业素养进行检查，在表 7 - 1 - 6 中评分。评分采用扣分制，每项扣完为止。

表 7 - 1 - 6　　　　　　　　　　检查记录工作单

检查项目	检查内容	评分标准	评分
1. 知识 （7分）	根据材料特点判断种类，1 分	回答不正确 1 个扣 0.5 分，扣完 1 分为止	
	指出广告雕刻机的结构部件名称，2 分	回答不正确 1 个扣 0.5 分，扣完 2 分为止	
	识别不同型号的刀具，3 分	回答不正确 1 个扣 1 分，扣完 3 分为止	
	判断所给定行业是否适用广告雕刻机，1 分	回答不正确 1 个扣 0.5 分，扣完 1 分为止	
2. 技能 （63分）	安放材料，6 分	安放不端正，扣 2 分； 夹具未夹紧材料，1 处扣 1 分，扣完 4 分为止	
	安装雕刻刀具，5 分	拆不下之前的刀具，扣 1 分； 使用刀具不合适，扣 2 分； 安装刀具不稳，扣 2 分	
	启动水泵，5 分	不能启动水泵的扣 5 分，启动水泵但不检查出水状况的扣 2 分	
	启动机器，5 分	不能启动机器，扣 5 分	
	设定工作原点，5 分	未能正确调整刀头平面位置，扣 1 分； 未能正确调整刀头垂直方向位置，扣 2 分； 调整刀头垂直方向未启动主轴旋转，扣 2 分	

检查项目	检查内容	评分标准	评分
2. 技能（63分）	在文泰软件中设计所需文字，7分	正确录入文字，少或错，扣1分/字，扣完5分为止； 未能正确设置字体，扣1分； 未能正确设置字号，扣1分	
	雕刻输出，5分	切割文字笔画不完整，扣3分； 未能割透板材，扣2分	
	打磨文字边缘，5分	未能完整地从板材中取出文字，少1个笔画扣1分，扣完2分为止； 使用砂纸或锉刀打磨边缘，漏1处扣1分，扣完3分为止	
	粘贴文字，20分	未使用海绵胶，扣2分； 未使用热熔胶，扣5分； 文字粘贴不稳，扣5分； 文字粘贴与效果图不一致，扣8分	
3. 职业素养（30分）	劳动纪律，10分	遵守纪律，尊重教师，爱惜实训设备和器材，违反上述情况1次酌情扣1~2分； 若有特别严重的违纪行为，则本次考核不合格，并按照相关制度进行处理	
	操作规范，10分	设备使用不合理，卫生没有清扫，每处酌情扣1~2分	
	安全意识，10分	危险用电等根据现场情况扣1~3分； 损坏设施设备，本次考核不及格，并按照相关制度进行处理	

任务改进 〉〉〉

按照检查中存在的问题进行改进，在表7-1-7中记录改进要点，并由项目负责人签字。

表7-1-7　　　　　　　　　　　改进提交工作单

改进要点记录	
负责人（签字）	

任务2　PVC图案的制作及安装

任务目标 〉〉〉

1. 知识目标

（1）能识别广告雕刻机所使用的材料种类；

（2）能指出广告雕刻机的结构部件名称；

（3）能识别雕刻刀具；

（4）能指出广告雕刻机的适用行业。

2. 能力目标

（1）能正确安放雕刻材料；

（2）能正确安装雕刻刀具；

（3）能启动水泵；

（4）能正确设定工作原点；

（5）能在文泰软件中导入所需图案；

（6）能正确雕刻输出图案；

（7）能打磨图案边缘；

（8）能完好地将图案粘贴到指定位置。

3. 素质目标

（1）使学生认同职业道德教育；

（2）有团队合作精神，能与他人进行正常的讨论交流；

（3）了解并执行7S管理标准。

思政要点 〉〉〉

（1）由各操作引申出精益求精的工匠精神；

（2）由减少耗材的使用引申出节约、环保理念。

任务描述 〉〉〉

本任务以广告行业最常见的工作之一——PVC图案制作及安装为例进行介绍，使用广告雕刻机雕刻 PVC 图案并将其安装到指定位置。

一、具体任务

分析任务要求，得出任务清单，见表 7 – 2 – 1。

表 7 – 2 – 1　　　　　　　　　　　　任务清单

任务内容	任务要求	验收方式
识别广告雕刻机所使用的材料种类	根据材料特点判断种类	作业填报
指出广告雕刻机的结构部件名称	指出广告雕刻机的结构部件名称	
能识别雕刻刀具	识别不同型号的雕刻刀具	
指出广告雕刻机的适用行业	判断所给定行业是否适用广告雕刻机	
安放雕刻材料	1. 将材料安放到平台； 2. 在平台上用夹具夹紧材料	拍照填报
安装雕刻刀具	1. 拆下之前的刀具； 2. 安装指定刀具	
启动水泵	水泵接通电源，检查出水状况	
设定工作原点	调整刀头到合适的工作原点	
在文泰软件中导入所需图案	在软件中导入所需图案	截屏填报
雕刻输出	将所设计的图案雕刻输出	拍照填报
打磨图案边缘	1. 将雕刻输出的图案从材料上取下； 2. 使用砂纸或锉刀打磨	成果展示及拍照填报
将图案粘贴到指定位置	将图案粘贴到指定位置，图案无破损，粘贴牢固，各部位位置正确，无其他瑕疵	成果展示提交

二、任务环境

（1）计算机（安装文泰软件、维宏软件）1 台/组；

（2）广告雕刻机 1 台/组（2 组共用）；

（3）PVC 板 1 张/组；

（4）玻璃胶（热熔胶）及胶枪 1 套/组；

（5）海绵胶 1 卷/组等。

███████ **任务实施 》》》**

一、任务分组

将全班 40 名学生分为 8 个工作小组，各小组分别安排 1 名指导教师（师傅）和 1 名组长，组长统筹安排组员的工作任务，正确填写学生任务分配表（表 7 - 2 - 2）。

表 7 - 2 - 2　　　　　　　　　　学生任务分配表

班级		组号		指导教师	
组长		学号		指导师傅	
组员	姓名	学号	姓名	学号	
任务分工					

二、任务准备

学生通过查阅教材、上网搜索、听课、讨论等获取表 7 - 2 - 3 中的答案或案例，并进行自我评价，确保任务顺利实施。

表 7 - 2 - 3　　　　　　　　相关知识和技能信息确认单

相关知识和技能点	答案/案例	自我评价
识别广告雕刻机所使用的材料种类		
指出广告雕刻机的结构部件名称		
能识别雕刻刀具		
指出广告雕刻机的适用行业		
安放雕刻材料		
安装雕刻刀具		

续 表

相关知识和技能点	答案/案例	自我评价
启动水泵		
设定工作原点		
在文泰软件中导入所需图案		
雕刻输出		
打磨图案边缘		
将图案粘贴到指定位置		

三、任务计划

（一）制订计划

思考任务方案，制订工作计划，在表 7 - 2 - 4 中用适当的方式展示计划。

表 7 - 2 - 4　　　　　　制订计划工作单（成员使用）

1. 解决方案 建议使用图案或拍照描述方式。

2. 任务涉及设备信息、使用材料列表

需要的设备	
需要的材料	

（二）确定计划

小组检查、讨论后确定计划，并在表 7 - 2 - 5 中用适当的方式展示出来。

表 7 - 2 - 5　　　　　　　　计划决策工作单（小组决策使用）

1. 小组讨论决策
负责人：_____，讨论发言人：_____。
决策结论及方案变更：

2. 小组互评决策

优点	缺点	综合评价（A、B、C、D、E）	签名

3. 人员分工与进度安排

内容	人员	时间安排	备注
识别广告雕刻机所使用的材料种类、指出广告雕刻机的结构部件名称、识别雕刻刀具、指出广告雕刻机的适用行业			
安放雕刻材料、安装雕刻刀具、启动水泵、设定工作原点			
在文泰软件中导入所需图案、雕刻输出			
打磨图案边缘，将图案粘贴到指定位置			

四、任务执行

（一）PVC 的导入

（1）双击"文泰三维雕刻软件"，打开软件。

（2）自定义尺寸，根据工作台面尺寸及雕刻内容尺寸确定宽、高，然后单击"创建新建文件"按钮。

（3）选择"选项"→"定义原点"，然后单击工作页面左下角，弹出提示框，选择"是"，定义左下角为工作原点。

（4）选择"文件"→"读入"命令（图 7 - 2 - 1），弹出"打开"对话框（图 7 - 2 - 2），找到所需文件。注意，图案必须为使用绘图软件绘制的矢量图形并保存为 . eps 格式。

图7-2-1 "文件"→"读入"

图7-2-2 "打开"对话框

（5）将图案放置在工作页左下角（图7-2-3），图案框的左下角与工作原点重合。单击工具栏中的"割"按钮，打开"割字"对话框，进行相应设置。

图7-2-3 将图案放置在工作页左下角

（6）完成后单击工具栏中的"保存"按钮，进行相应设置，保存文件。

（二）刀具的安装及调试

见本项目任务 1 相应内容。

（三）切割图案

见本项目任务 1 相应内容。

（四）图案安装

（1）广告雕刻机完成 PVC 图案切割（图 7－2－4）。

（2）取下夹具并取出 PVC 板（图 7－2－5）。

图 7－2－4　完成切割　　　　　　　图 7－2－5　取下夹具

（3）操作完成，关闭电源。

（4）取出 PVC 图案（图 7－2－6），可用砂纸、锉刀等对边缘进行打磨抛光（图 7－2－7）。

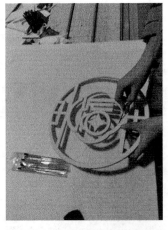 

图 7－2－6　取出切割好的图案　　　　图 7－2－7　打磨抛光

（5）佩戴防护手套，对 PVC 图案进行喷色处理（图 7 - 2 - 8）。

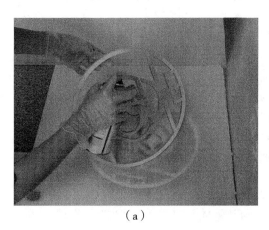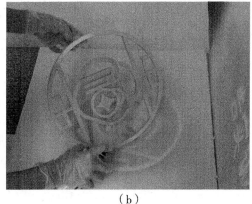

（a）　　　　　　　　　　　　　　　（b）

图 7 - 2 - 8　喷色处理

（6）放置处理好的 PVC 图案，晾干喷漆。

（7）先将海绵胶粘贴在 PVC 图案背面，再将加热好的热熔胶涂在 PVC 图案背面，注意，与所贴海绵胶错开。

（8）把粘有热熔胶和海绵胶的 PVC 图案粘贴在所需位置（图 7 - 2 - 9），如此，整个流程全部完成（图 7 - 2 - 10）。

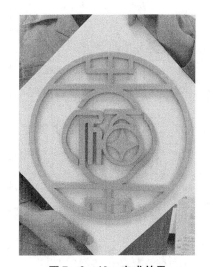

图 7 - 2 - 9　粘贴 PVC 图案　　　　**图 7 - 2 - 10　完成效果**

任务评价 ❯❯❯

按照知识、技能和职业素养进行检查，在表 7 - 2 - 6 中评分。评分采用扣分制，每项扣完为止。

表7-2-6　　　　　　　　　　　检查记录工作单

检查项目	检查内容	评分标准	评分
1. 知识 （7分）	根据材料特点判断种类，1分	回答不正确1个扣0.5分，扣完1分为止	
	指出广告雕刻机的结构部件名称，2分	回答不正确1个扣0.5分，扣完2分为止	
	识别不同型号的刀具，3分	回答不正确1个扣1分，扣完3分为止	
	判断所给定行业是否适用广告雕刻机，1分	回答不正确1个扣0.5分，扣完1分为止	
2. 技能 （63分）	安放材料，6分	安放不端正，扣2分； 夹具未夹紧材料，1处扣1分，扣完4分为止	
	安装雕刻刀具，5分	拆不下之前的刀具，扣1分； 使用刀具不合适，扣2分； 安装刀具不稳，扣2分	
	启动水泵，5分	不能启动水泵的扣5分，启动水泵但不检查出水状况的扣2分	
	启动机器，5分	不能启动机器，扣5分	
	设定工作原点，5分	未能正确调整刀头平面位置，扣1分； 未能正确调整刀头垂直方向位置，扣2分； 调整刀头垂直方向未启动主轴旋转，扣2分	
	在文泰软件中导入所需图案，7分	未正确导入图案，扣5分； 未能正确设置图案位置，扣1分； 未能正确设置图案尺寸，扣1分	
	雕刻输出，5分	切割图案不完整，扣3分； 未能割透板材，扣2分	
	打磨图案边缘，5分	未能完整地从板材中取出图案，少1个部位扣1分，扣完2分为止； 使用砂纸或锉刀打磨边缘，漏1处扣1分，扣完3分为止	
	粘贴图案，20分	未使用海绵胶，扣2分； 未使用热熔胶，扣5分； 文字粘贴不稳，扣5分； 图案粘贴与效果图不一致，扣8分	

续　表

检查项目	检查内容	评分标准	评分
3. 职业素养 （30 分）	劳动纪律，10 分	遵守纪律，尊重教师，爱惜实训设备和器材，违反上述情况 1 次酌情扣 1~2 分；若有特别严重的违纪行为，则本次考核不合格，并按照相关制度进行处理	
	操作规范，10 分	设备使用不合理，卫生没有清扫，每处酌情扣 1~2 分	
	安全意识，10 分	危险用电等根据现场情况扣 1~3 分；损坏设施设备，本次考核不及格，并按照相关制度进行处理	

任务改进 〉〉〉

　　按照检查中存在的问题进行改进，在表 7-2-7 中记录改进要点，并由项目负责人签字。

表 7-2-7　　　　　　　　　　改进提交工作单

改进要点记录	
负责人（签字）	

参考文献

［1］陈启林．广告材料与工艺［M］．2 版．北京：化学工业出版社，2020.

［2］饶鉴，赵文．广告材料与设计制作［M］．北京：中国轻工业出版社，2020.

［3］史建海．会展工程与材料［M］．2 版．北京：化学工业出版社，2016.

［4］沙旭，徐虹，曾淑明．广告设计材料与工艺实用教程［M］．北京：北京希望电子出版社，2019.

［5］刘晓英，吕杰，马琳．广告设计与材料工艺［M］．合肥：合肥工业大学出版社，2019.